Schwarzwaldwandern
Band XIII
Das Kleine und das Große Wiesental

19 Rundwanderungen

Erwandert und beschrieben von
Herbert Falk, Freiburg

Mit Zeichnungen von
Sepp Wurster, Stegen

Konkordia Druck GmbH,
Eisenbahnstr. 31, 77815 Bühl
Postfach 1351, 77803 Bühl
Tel.   07223/9889-0
Fax: 07223/988945
E-Mail: info@konkordia.de

1. Auflage
Mai 2000

Band XIII

Das Kleine und das Große Wiesental

19 Rundwanderungen

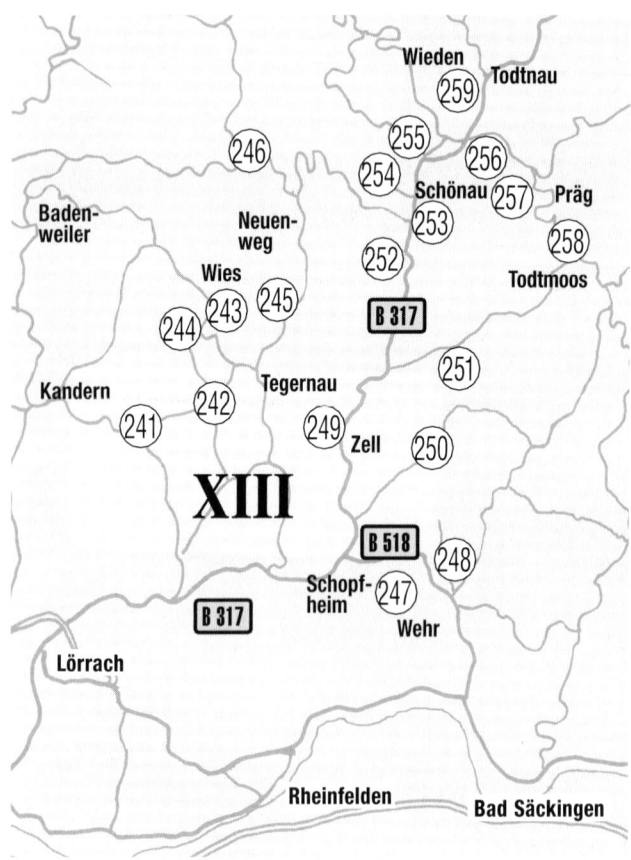

Die angegebenen Zahlen entsprechen
der Nummerierung der Wandervorschläge
und sind zugleich deren Ausgangspunkte.

Inhalt

Seite		Nr.
6	Rund um Endenburg	**241**
12	Rund um den Nollen: Eine Wanderung über dem Kleinen Wiesental	**242**
20	Rund um das Tal der Köhlgartenwiese	**243**
27	Zwischen Köhlgartenwiese und Kandertal	**244**
32	Wanderung nach Kühlenbronn	**245**
39	Rund um Neuenweg	**246**
46	Vom Eichener See zur Schweigmatt und nach Schlechtbach	**247**
55	Auf alpinem Steig durch die Bannwälder des Wehratales	**248**
62	Vom Wiesental zum Zeller Blauen	**249**
68	Zwischen Wiesen- und Wehratal	**250**
75	Hoch über dem Angenbachtal	**251**
81	Zwischen dem Großen und dem Kleinen Wiesental	**252**
89	Von Schönau nach Herrenschwand	**253**
94	Rund um Schönenberg	**254**
99	Rund um das Aiternbachtal	**255**
106	Rund um den Sengalenkopf	**256**
114	Rund um Präg	**257**
120	Zwischen Herrenschwand und Ehrsberg	**258**
126	Von Todtnau über Hasbach zum Knöpflesbrunnen	**259**

Hinweise und Erklärungen

Die hier beschriebenen Wanderwege und Wegbezeichnungen entsprechen dem Zustand der Jahre 1998/1999. Die Gesamtlänge aller 300 beschriebenen Wanderungen beläuft sich auf 5337 km.

1. Erklärung zu den Kartenskizzen:

   ——————— nicht asphaltierte Wege und Pfade

   ======== asphaltierte Wege oder Zufahrtsstraßen

   • • • • • • • • • • Abkürzung oder Verlängerung der Rundwanderungen

   G Gasthöfe

   P Parkplätze

2. Der Zustand des Wegenetzes entspricht der Situation 1998/1999. Die Sturmschäden vom 26. Dezember 1999 konnten nicht berücksichtigt werden.
   Hinweise von Wanderern über Veränderungen des Wegenetzes, der Markierung und der Aussichten werden dankbar entgegengenommen und mit einem Taschenbuch aus der Reihe „Schwarzwaldwandern" belohnt.
   Es wird gebeten, Verbesserungen unter Angabe des Taschenbuchwunsches an folgende Adresse zu senden:

   Falk Foundation e.V., Abt. Wanderliteratur
   Postfach 6529, 79041 Freiburg
   Telefon 0761/1514-0; Telefax: 0761/1514-321

3. 780 Einkehrmöglichkeiten (fast alle mit Ruhetag, Betriebsferien und Telefonnummer) sind aufgeführt. Die angegebenen Informationen entsprechen dem Stand von Anfang 2000. Hinweise auf Erwähnung in Gaststättenführern stammen aus „Michelin Deutschland 2000" und „Der Varta Führer Deutschland 2000".

4. Angegebene Wanderkarten:

   1. Atlasco-Wanderkarten
      herausgegeben von ATLASCO Kartogr. Institut, Druckerei und Verlag,
      Haupka & Co., 65800 Bad Soden/Ts.

   2. Kompass-Wanderkarten 1:30.000,
      herausgegeben von Kompass-Karten GmbH,
      A-6063 Rum/Innsbruck, Österreich.

   3. Schwarzwaldvereinskarten 1:50.000 und 1:35.000,
      herausgegeben vom Schwarzwaldverein e.V.,
      Schlossbergring 15, 79098 Freiburg i.Br.

   Ferner regionale Wanderkarten von Gemeindebehörden, Kurverwaltungen und graphischen Instituten.

Vorwort

Die vorliegende 15-bändige Wanderbuchreihe „Schwarzwaldwandern" ist das Lebenswerk eines ausgewiesenen Schwarzwaldkenners und Förderers des Wanderns im Schwarzwald.

Grundlage der 15 Taschenbücher mit je 18 bis 22 Rundwanderungen auf ca. 148 Seiten, aufgeteilt in Regionen, ist die bereits Anfang der 90er Jahre erschienene Reihe „Wanderparadies Schwarzwald". Auf 2100 Seiten beschreibt der Autor mit großer Gründlichkeit und Zuverlässigkeit die schönsten Rundwandermöglichkeiten im Schwarzwald, die den genießenden Wanderer über einsame Pfade zu herrlichen Ausblicken führen. Die Wandervorschläge variieren zwischen zwei und acht Stunden.

Neben der genauen Beschreibung der Wanderrouten lassen die Schwarzwaldskizzen von Sepp Wurster schon bei der Vorbereitung der Wanderungen erahnen, welche Einblicke in die Kultur und Landschaft des Schwarzwaldes erwandert werden können.

Dem Autor gelingt es in hervorragender Weise, die Besonderheiten der Kulturlandschaft Schwarzwald mit dem gesundheitlichen Aspekt des Wanderns zu verbinden. So wird das Wandern im Schwarzwald zu einem besonderen Erlebnis.

Gerne unterstützte der Schwarzwaldverein dieses Vorhaben mit seinen ehrenamtlichen Wanderführern und Wegewarten sowie seinen Wanderkarten und der Wegemarkierungsarbeit vor Ort.

Dem Autor, Dr. Herbert Falk, danke ich herzlich für die vorliegende Wanderbuchreihe. Damit leistet er einen herausragenden Beitrag zur Entdeckung und letztlich zur Erhaltung unseres Wanderparadieses Schwarzwald.

Der Taschenbuchreihe wünsche ich eine weite Verbreitung und dem Wanderer viel Freude und Erholung beim Wandern im Schwarzwald.

Eugen Dieterle
Präsident des Schwarzwaldvereins e.V.

Rund um Endenburg

Eine gut 3-stündige, sehr aussichtsreiche, abwechslungsreiche und schöne Rundwanderung in einem Seitental des Wiesentales. Während der Wanderung hat man prachtvolle Ausblicke zum Schweizer Jura und bei guter Fernsicht, vor allem im Herbst, auf die Schweizer Alpen. Sie führt an schönen Waldwiesen vorbei und durch prachtvolle Mischwälder. Höhepunkte sind die Fernsicht oberhalb von Endenburg sowie die Durchquerung der Höllschlucht. Besonders empfehlenswert ist die Wanderung im April/Mai, wenn die Obstbäume blühen und das frische Laub sprießt, oder aber auch im Herbst wegen der Laubfärbung und der guten Fernsicht. Die Wanderung führt 47 Minuten über asphaltierte Sträßchen, in den meisten Fällen ohne Verkehr. Sonst haben wir meistens breite, nicht asphaltierte Holzabfuhrwege oder schmale Fußpfade. Selten gibt es im Schwarzwald eine 3-stündige Rundwanderung, die so viel Abwechslung und schöne Ausblicke bietet wie die Wanderung um Endenburg.

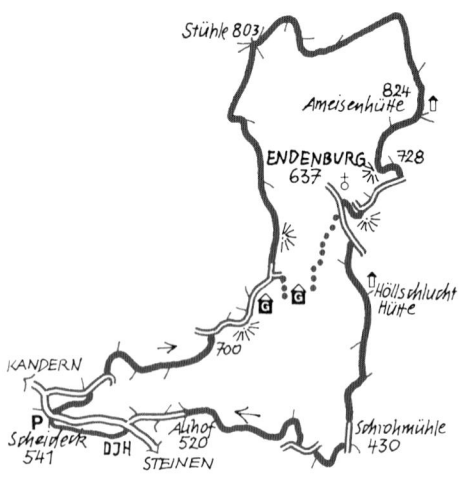

Zufahrt:
Auf der Autobahn Karlsruhe–Basel (A 5) benutzt man von Norden kommend die Ausfahrt Neuenburg-Müllheim, fährt dann Richtung „Müllheim". Nach 5,3 km ab Autobahn führt man rechts auf der B 3 Richtung „Lörrach". In Schliengen, nach 12,9 km, biegt man von der B 3 links ab Richtung „Kandern". In Kandern biegt man links ab Richtung „Malsburg–Marzell", fährt auf der Hauptstraße durch die Brezelstadt Kandern und am Ende des Städtchens hoch Richtung „Steinen" und parkt dann auf der Scheideck (27 km ab Autobahnausfahrt Neuenburg).
Von Basel bzw. von Süden kommend, fährt man auf der Autobahn Richtung „Karlsruhe" bis zum Autobahndreieck Weil, dann auf der Autobahn Richtung „Lörrach". Man benutzt auf dieser die Ausfahrt Kandern und fährt von dort durch das unte-

re Kandertal nach „Kandern" und von dort wie oben beschrieben weiter. (Vom Autobahndreieck Weil bis Scheideck 25 km). Weitere Einstiegsmöglichkeiten mit Parkmöglichkeit befinden sich beim Gasthof „Alpenblick" in Endenburg oder auch in der Ortsmitte von Endenburg an der Kreisstraße Endenburg–Kirchhausen (Panoramastraße).

Anfahrt mit öffentlichem Verkehrsmittel:
Bus: Linie 7305 (SBG), Steinen–Endenburg
Haltestelle Endenburg
(verkehrt nur an Werktagen)
Wir beginnen dann mit der Rundwanderung in Endenburg.

Wanderung:
Min. Wir überqueren die Landstraße beim Waldparkplatz Scheideck (543 m) und gehen auf der anderen Seite auf einem grasbewachsenen Weg weiter Richtung „Stalten–Stockmatt" durch schönen Mischwald leicht aufwärts, dem Wz. blauer Rhombus nach, dem wir die nächsten 32 Min. folgen. Nach 4 Min. stoßen wir auf die asphaltierte „Panoramastraße" Scheideck–Endenburg, die Hauptzufahrt nach Endenburg, und gehen auf dieser 5 Min. geradeaus weiter, dem Wz. blauer Rhombus nach. Nach 9-minütiger Wanderung verlassen wir die asphaltierte Straße, gehen nach links steil aufwärts, am Elbacher Graben entlang, und folgen unserem Wz. sowie dem Wegweiser „Stalten" und „Stühle". Nach 11 Min. überqueren wir den Elbach und gehen nach rechts weiter aufwärts, deutlich markiert durch das Wz. 1 Min. später, bei einer Weggabelung, gehen wir links im Mischwald weiter kräftig bergan, dem Wz. nach. Nach ¼-stündiger Wanderung gehen wir bei einer Wegkreuzung geradeaus weiter, unserem Wz. folgend. Nach ½-stündiger Wanderung kommen wir bei einer schönen Bergwiese mit Kirschbäumen zu einem asphaltierten Sträßchen, das eben verläuft, und gehen dieses nach rechts, mit schönen Ausblicken zum Dinkelberg, dem Schweizer Jura sowie bei guter Fernsicht zu den Alpen. Nach 32 Min. verlassen wir die Route, die mit dem Wz. blauer Rhombus ausgezeichnet ist, und gehen geradeaus auf einem asphaltierten Weg weiter Richtung „Stalten–

...ochr mit Alpenpanorama...

Hollbach

Endenburg". Nach 34 Min. wandern wir an der Kurklinik „Stalten" (700 m) vorbei und sehen geradeaus die Hohe Möhr und den Zeller Blauen. Das asphaltierte Sträßchen führt abwärts und wir kommen bald aus dem Wald heraus. Unter uns liegen der Ortskern von Endenburg sowie links dahinter der knapp 1000 m hohe Schlöttleberg sowie rechts davon der Hohfelsen mit seinem markanten Fernsehumsetzer. Rechts unten, in einem Seitental des Wiesentales, sieht man Hofen und Weitenau. Nach 40 Min. haben wir das Höhenhotel „Alpenblick" (680 m; Einkehrmöglichkeit) erreicht. – Hier können wir die Wanderung abkürzen, indem wir geradeaus das asphaltierte Sträßchen abwärts wandern, am Gasthaus „Pflug" vorbei bis zur Talsohle, unweit der Kirche (siehe **Abkürzung**). – Unsere Rundwanderung führt jedoch kurz vor dem „Alpenblick" links aufwärts Richtung „Stühle, Malsburg–Lütschenbach" auf dem Stühlerundweg (Wz. R9), und die Asphaltdecke hört bald auf. Es geht an einer Schranke vorbei und wir genießen vom Waldrand aus einen prachtvollen Ausblick nach Süden und Südosten, im Herbst wie oben erwähnt bis zu den Schweizer Alpen. Der schöne, breite Weg steigt stetig in angenehmer Weise am Waldrand entlang an; nach einiger Zeit führt er auch in den Mischwald hinein und geht eben weiter. Nach 1 Std. 8 Min. Gehzeit haben wir die Wegkreuzung auf dem Bergsattel Stühle (803 m) zwischen dem Kander- und dem Wiesental erreicht.

Bei der Wegkreuzung gehen wir rechts, jedoch nicht auf den Weg mit dem Wz. blauer Rhombus Richtung „Stockmatt–Hochblauen", sondern biegen von diesem nach wenigen Schritten rechts ab auf den ebenen Schlöttlebergweg, der sehr angenehm durch Buchenwald zieht (Wz. schwarzes R1 auf gelbem Grund). Nach 1 Std. 15 Min. geht es an einer schönen Bergwiese vorbei und der Weg steigt leicht bergan. Auf der anderen Talseite sieht man den Berg Hohe

Stückbäume (939 m), an dessen Osthang wir zum Bergsattel Stühle heraufgewandert sind. Nach 1 Std. 20 Min., bei einer Weggabelung (860 m), haben wir den höchsten Punkt unserer Rundwanderung erreicht und wandern hier den breiten Schlöttlebergweg geradeaus, leicht bergab durch Mischwald. Den Hohfelsen (963 m) mit dem Fernsehumsetzer sehen wir geradeaus über uns. Bei Weggabelungen bleiben wir immer auf dem breiten Weg und gehen durch schönen Mischwald stets leicht bergab, zuerst am Südhang des Schlöttleberges entlang, nachher am Westabhang des Hohfelsens. Nach <u>1 Std. 37 Min.</u> sind wir an einer Wegkreuzung bei der Ameisenhütte (824 m; Unterstehmöglichkeit). Wir gehen an der Hütte vorbei, den breiten Weg durch Fichtenwald ziemlich steil abwärts. Nach 1 Std. 44 Min. haben wir wieder vom Waldrand einen prachtvollen Ausblick nach Süden zum Schweizer Jura und zu den Alpen. Geradeaus unter uns sehen wir Schlächtenhaus, rechts die ersten Häuser von Endenburg. Es geht an einer Schranke vorbei und kurz danach, nach 1 Std. 46 Min., macht unser breiter Holzabfuhrweg eine starke Rechtskurve; der Weg ist ab hier leider asphaltiert. Unterhalb des Weges befinden sich das Wasserreservoir von Endenburg und innerhalb der Kurve eine betonierte Brunnenstube.

Das asphaltierte Sträßchen, der Ameisenweg, führt an schönen Bergwiesen vorbei abwärts, mit Blick auf Endenburg. Nach <u>1 Std. 51 Min.</u> macht der Ameisenweg in den Wiesen eine scharfe Rechtskurve. Hier verlassen wir die asphaltierte Straße und gehen links auf einem nicht bezeichneten Weg zwischen Wiesen und Baumgruppen abwärts. Bei Weggabelungen bleiben wir immer auf dem grasbewachsenen Weg und gehen an den Bäumen entlang abwärts, mit einem schönen Ausblick. Nach 1 Std. 56 Min. erreichen wir unweit der kleinen Dorfkirche von Endenburg mit dem Friedhof ein asphaltiertes Sträßchen und gehen hier im spitzen Winkel nach links zur Ortsmitte, an einzelnen Häusern vorbei. Nach <u>genau 2 Std.</u> haben wir die Ortsmitte von Endenburg (600 m) erreicht und stoßen bei einem Brunnen auf die Kreisstraße Endenburg–Kirchhausen (Panoramastraße). – Hier treffen wir auch auf unsere Abkürzung, die beim Gasthof „Alpenblick" begonnen hat. – Im benachbarten Kirchhausen (2 km) beginnt die Rundwanderung Nr. 242 „Rund um den Nollen: Eine Wanderung über dem Kleinen Wiesental". –

Wir gehen knapp 100 m auf der Landstraße Richtung „Kirchhausen", dann biegen wir auf einem Fußpfad rechts ab Richtung „Höllschlucht–Vogelpark" (Wz. rote 4 auf weißem Grund). Der schmale Pfad führt zum Teil ziemlich steil abwärts, begleitet vom Rauschen des Höllbaches, und ist sehr abwechslungsreich und romantisch. Nach 2 Std. 7 Min. sind wir bei der Höllschluchthütte (Unterstehmöglichkeit) und wandern weiter am Höllbach entlang durch die romantische Schlucht talauswärts, teilweise ziemlich steil abwärts. Nach 2 Std. 20 Min. stoßen wir auf den breiten Saulochweg, der von Kirchhausen herabzieht, und gehen

Schrohmühle

diesen geradeaus weiter talabwärts, jetzt wieder durch Mischwald. Nach 2 Std. 23 Min. sind wir bei der einsam gelegenen Schrohmühle (430 m). Sofort nach der Mühle, wo die Asphaltdecke beginnt, verlassen wir das Talsträßchen und gehen rechts im Wald ziemlich steil aufwärts. An einem Baum entdecken wir das Wz. rote 4 auf weißem Grund. Nach 2½-stündiger Wanderung und nach 7 Min. ziemlich steilen Anstieges haben wir vom Waldrand aus einen schönen Blick auf Schlächtenhaus und das Klosterbachtal, das nach Steinen zieht. Der Weg geht wieder in den Wald hinein, aber nicht mehr so steil aufwärts. Nach 2 Std. 31 Min. kommen wir im Wald an eine Weggabelung und gehen hier geradeaus weiter aufwärts. 2 Min. später kommen wir an ein asphaltiertes Sträßchen und gehen dieses links abwärts. Nach 2 Std. 35 Min., am Rande einer schönen Waldwiese, verlassen wir die Asphaltstraße und gehen rechts auf dem breiten Wittgrabenweg am Bach entlang ziemlich steil aufwärts, wieder dem Wz. rote 4 nach. Nach 2 Std. 37 Min. verlassen wir das Tälchen und gehen links aufwärts, dem Wz. rote 4 folgend. Bei Weggabelungen bleiben wir auf dem breiten, angenehmen Holzabfuhrweg und gehen ständig leicht bergauf durch Mischwald, später durch hohen Buchenwald. Nach 2 Std. 50 Min. kommen wir an den Waldrand und sind beim einsamen Auhof (520 m). Es geht auf dem jetzt asphaltierten Weg am Waldrand weiter. Auf der anderen Seite des Aubächletales sehen wir den Munzenberg (704 m). 2 Min. nach dem Hof geht der asphaltierte Weg durch Buchenwald abwärts, und bei Weggabelungen bleiben wir auf dem asphaltierten Sträßchen. Bald kommen wir wieder aus dem Wald heraus, wandern durch eine wunderschöne Waldwiese und sehen vor uns die Jugendherberge „Platzhof" (500 m). Nach 2 Std. 57 Min. kommen wir zu der Landstraße Kandern–Steinen unweit der Jugendherberge. Wir überqueren die Landstraße, gehen zu der Jugendherberge und von dort auf einem Weg, der parallel zur Landstraße verläuft, zur Scheideck, die wir nach einer Wanderzeit von 3 Std. 10 Min. wieder erreicht haben. – Hier an der Scheideck erinnert ein Denkmal an Generalleutnant von Gagern, der hier bei einem Gefecht am 20. April 1848 gefallen ist; hier ist auch eine Erinnerungstafel an gefallene Aufständische unter Hecker. Bei der Scheideck treffen wir auf die Wanderung Nr. 237 „Zwischen Rechberg und Scheideck". –

Gehzeit und Steigung:
Reine Gehzeit: 3 Std. 10 Min. (14 km)
Höhendifferenz: 490 m

Abkürzung:
Vom Gasthof „Alpenblick" kann man abwärts durch Endenburg wandern, am Gasthof „Pflug" vorbei bis zur Talsohle.
Gehzeit: 2 St. 10 Min. (10 km)
Höhendifferenz: 300 m

Einkehrmöglichkeiten:
Unterwegs: In **Endenburg** beim Ortseingang der Höhengasthof „Alpenblick" (montags Ruhetag; Betriebsferien Mitte November bis Mitte Dezember, Tel. 0 76 29/3 78); ungefähr 7 Min. von der Wanderroute entfernt, das Gasthaus „Pflug" (dienstags Ruhetag; Betriebsferien im Februar/März; Tel. 0 76 29/3 47).

Empfohlene Wanderkarten:
1. Atlasco-Wanderkarten 1:30.000, Nr. 222 oder 257
2. Kompass-Wanderkarte 1:30.000, Nr. 897
3. Schwarzwaldvereinskarte 1:50.000,
   Blatt 8 (Belchen–Wiesental)

Rund um den Nollen:
Eine Wanderung über dem Kleinen Wiesental

Eine 4-stündige, sehr abwechslungsreiche Rundwanderung über Höhen und durch Täler westlich des Kleinen Wiesentales. Die Wanderung führt teilweise durch Wald aber auch über Wiesen mit sehr schönen Ausblicken vor allem nach Süden zum Schweizer Jura und bei guter Fernsicht, besonders im Herbst, zu den Schweizer Alpen. Sehr empfehlenswert ist die Wanderung im April/Mai, wenn die Obstbäume blühen und das frische Laub sprießt, oder auch im Herbst wegen der Laubfärbung und der guten Fernsicht. Die Wanderung führt eine gute Stunde über asphaltierte Sträßchen, in den meisten Fällen jedoch fast ohne Verkehr, sonst immer über nicht asphaltierte Wirtschaftswege oder schöne Fußpfade. Dieses Wandergebiet ist selten besucht und man trifft, außer an sehr schönen Wochenenden, kaum andere Wanderer auf der Rundwanderung.

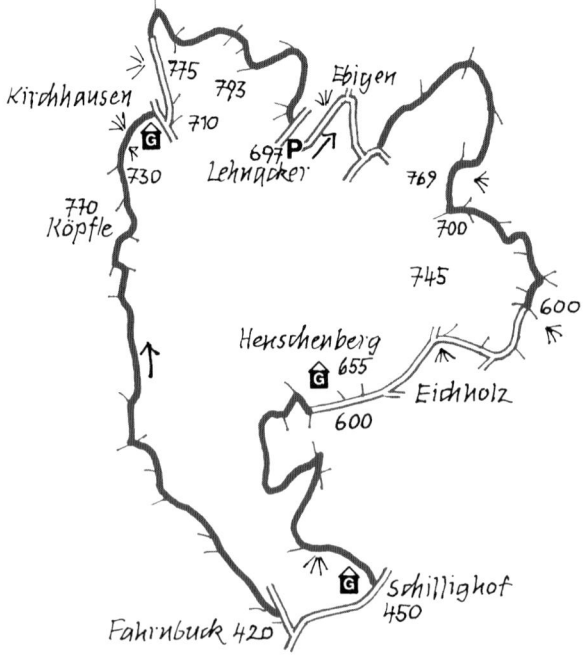

Zufahrt:
Von der Autobahn Karlsruhe–Basel (A 5) zweigt man beim Autobahndreieck Weil ab und fährt auf der Autobahn A 98 Richtung „Lörrach". 7 km nach dem Autobahndreieck Weil biegt man von der Autobahn A 98 ab und fährt auf der B 317 Richtung „Schopfheim". 10,6 km nach dem Autobahndreieck Weil biegen wir dann von der Bundesstraße links ab Richtung

Ebingen mit Belchen

"Steinen", und fahren bei den ersten Häusern von Hauingen rechts nach "Steinen". In Steinen folgen wir der Beschilderung "Endenburg, Schlächtenhaus, Kandern". Nach 13,8 km, in der Ortsmitte von Steinen, fahren wir links ab Richtung "Schlächtenhaus, Vogelpark". 15 km nach dem Autobahndreieck Weil fahren wir bei einer Straßengabelung geradeaus Richtung "Weitenau, Vogelpark" und 3 km später in Weitenau links Richtung "Endenburg, Vogelpark, Kandern". 20 km nach dem Weiler Dreieck, bei der einzeln stehenden Hofener Kirche, biegen wir rechts ab Richtung "Kirchhausen, Endenburg", durchfahren Hofen und sind 4 km später in Kirchhausen, wo wir rechts abbiegen Richtung "Lehnacker, Sallneck, Tegernau". Die Straße führt am Gasthaus "Krone" vorbei und 26,5 km nach dem Autobahndreieck Weil sind wir auf der Passhöhe zwischen Kirchhausen und Sallneck, wo wir einen schönen Parkplatz finden, und wo unsere Rundwanderung beginnt.

Anfahrt mit öffentlichem Verkehrsmittel:
Kann für diese Rundwanderung leider nicht empfohlen werden.

Wanderung:

Min. Wir wandern vom Parkplatz (697 m), wo wir einen schönen Blick zum Belchen und auf die andere Seite des Köhlgartenwiesentales nach Schwand und Raich haben, auf dem asphaltierten Sträßchen Richtung "Eichholz" abwärts, am "Weideschuppen" der Gemeinde Sallneck vorbei, der auch als "Sommerfesthalle" benutzt wird. Nach 5 Min. sind wir am Ortseingang von Ebigen (660 m), das zu Sallneck gehört, und wandern nach dem ersten Haus nach rechts auf der Eichholzer Straße Richtung "Eichholz, Wieselt" (Wz. blauer Punkt). – Wenige Schritte von hier verläuft auch die Wanderung Nr. 243 "Rund um das Tal der Köhlgartenwiese". – Wir wandern über Wiesen, die malerisch vom Wald umrahmt sind, aufwärts. Nach 12 Min. haben wir die Passhöhe (680 m) erreicht und gehen hier zunächst 50 m

13 Richtung "Eichholz" nach links, dann beim ersten Haus wieder nach links auf dem Nollenrundweg (Wz. R 5 und blauer Punkt). Nach dem Hof hört die Asphaltdecke auf und bei einer Weggabelung nehmen wir den linken, aussichtsreichen Weg, der alsbald am Waldrand und am Nordwesthang des Berges Nollen (769 m) entlangführt. Bald

führt der ebene Wirtschaftsweg in einen Mischwald. Nach 23 Min. kommen wir zu einer Weggabelung und gehen hier geradeaus abwärts auf dem Nollenrundweg. 1 Min. später kommen wir wieder an eine Weggabelung und gehen hier auf dem Nollenrundweg rechts aufwärts, dem Wz. R 5 nach. Nach ½-stündiger Wanderung gehen wir bei einer Weggabelung rechts weiter aufwärts, jedoch nicht mehr so steil. 3 Min. später gehen wir bei einer Weggabelung geradeaus weiter auf dem Nollenrundweg dem Wz. R 5 nach, jetzt eben. Nach 37 Min. kommen wir zu einer schönen Bergwiese und sehen im Süden den Schweizer Jura, bei guter Fernsicht dahinter die Alpen, kurz danach auch die Hohe Möhr, das Dorf Gresgen und den Zeller Blauen. Nach 42 Min. kommen wir in der Bergwiese zu einem Bergsattel (700 m) zwischen den beiden Nollenköpfen. Wir wandern beim Bergsattel im spitzen Winkel 30 m nach links am Waldrand entlang, dann bei der nächsten Weggabelung nach rechts auf einem schmalen Wirtschaftsweg; sogleich nach 10 m kommt wieder eine Weggabelung im Wald, wo wir den linken Weg nehmen, der zunächst eben verläuft und nach kurzer Zeit abwärts führt. Bei Weggabelungen bleiben wir auf dem jetzt breiten Weg, dem Krandelweg, und gehen immer geradeaus, leicht bergab. Nach knapp 1 Std. kommen wir an den Waldrand und haben einen schönen Blick nach Süden zum Wiesental. Nach 1 Std. 1 Min. kommen wir zu einem abseits gelegenen Haus (600 m), das zu Eichholz gehört und wunderschön in einer Bergwiese liegt. Wir gehen hier geradeaus weiter auf einem asphaltierten Weg, den zwei Wz. nach: eine Blume und ein Eichblatt. Der asphaltierte Weg geht am Waldrand entlang, zunächst eben, später bergauf mit schönen Ausblicken. Nach 1 Std. 8 Min. sind wir bei dem ersten Haus der kleinen Ortschaft Eichholz und hier bei dem Bauernhof wandern wir bei einer Straßengabelung das asphaltierte Sträßchen nach rechts Richtung „Sallneck" aufwärts.

Bei der nächsten Weggabelung gehen wir bei einem Bauerngehöft nach links leicht bergan, oberhalb der wenigen Häuser von Eichholz mit einem wunderschönen Blick nach Süden und auch nach Westen, an zwei Bänken vorbei,

Alpenpanoramen

wo wir die Aussicht genießen können. Nach 1 Std. 16 Min. kommen wir zu einem Picknickplatz (655 m) mit einem Pavillon oberhalb eines Wasserbehälters und haben von hier einen besonders schönen Ausblick. Wir wandern zunächst auf dem asphaltierten Sträßchen geradeaus weiter und gehen nach 50 m bei einer Wegkreuzung links abwärts und bei der nächsten Weggabelung wieder links. – Das Sträßchen, das bei der Wegkreuzung geradeaus geht, und dem wir **nicht** folgen, führt nach „Ebigen-Sallneck" (siehe **Abkürzung**). – Nach 1 Std. 23 Min. kommen wir unweit des westlichen Ortsendes von Eichholz zu einer Straßengabelung und gehen hier nach rechts Richtung „Henschenberg, Lindenhof" auf einem weiterhin asphaltierten Weg. Bei Weggabelungen bleiben wir zunächst auf dem asphaltierten Weg. Nach 1½-stündiger Wanderung sind wir bei der schön gelegenen Häusergruppe Henschenberg und finden hier das ehemalige Gasthaus „Lindenhof" (600 m). Die Wanderung führt am ehemaligen Gasthaus vorbei, und kurz danach sind wir bei der Häusergruppe, wo sich die Straße gabelt. Hier gehen wir nach rechts auf dem Henschenbergweg Richtung „Weitenau, Steinen" und nach wenigen Schritten, nach 1 Std. 33 Min., endet die Asphaltdecke. Der schöne Weg führt abwärts zu einem prachtvollen Mischwald, ganz besonders schön im Herbst, wenn sich das Laub färbt. Kurz nach dem Waldrand, nach 1 Std. 35 Min., kommen wir zu einer Weggabelung und gehen hier links den Henschenbergweg abwärts. Der Weg führt zunächst am Waldrand weiter. Bei einer Weggabelung gehen wir immer geradeaus weiter abwärts. Nach 1 Std. 48 Min. überqueren wir einen Bach in einem kleinen Tälchen und wandern weiter auf dem breiten Weg geradeaus. Nach 1 Std. 50 Min., bei einem Wasserbehälter, kommen wir an eine Wegkreuzung und gehen auf dem breiten Weg weiter geradeaus. Nach knapp 2-stündiger Wanderung sind wir am Waldrand und sehen vor uns die Häuser der kleinen Ortschaft Schillighof, die zur Gemeinde Weitenau gehört. Hier ist ein Rastplatz mit einem Brunnen und wir wandern am Waldrand entlang weiter. Nach 2 Std. 2 Min. kommen wir zu einem Bauernhof, gehen hier nach rechts und sind

gleich danach beim Gasthaus „Hirschen" (450 m; Einkehrmöglichkeit) in Schillighof.
Die Wanderung führt auf einem asphaltierten Sträßchen am Gasthaus „Hirschen" vorbei abwärts durch Wiesen Richtung „Fahrnbuck". Nach 2 Std. 7 Min. geht es an einem Fischteich (410 m) vorbei und gleich darauf überqueren wir den Bach Büttleten. Danach steigt unser Sträßchen am Waldrand entlang kurz an. Nach 2 Std. 10 Min. sind wir beim ersten Haus von Fahrnbuck (420 m) und gehen hier bei einer Straßengabelung rechts auf einem Sträßchen in den Wald hinein an einem Wasserhochbehälter vorbei. Bei einer Weggabelung gleich hinter dem Wasserreservoir bleiben wir auf dem asphaltierten Sträßchen und gehen geradeaus weiter. Nach 2 Std. 13 Min. verlassen wir das asphaltierte Sträßchen bei der nächsten Weggabelung und gehen links aufwärts auf einem breiten, nicht asphaltierten Wirtschaftsweg, den Wz. schwarze R 1 und R 6 auf gelbem Grund nach. Der breite Weg führt stets bergan und bei Weggabelungen richten wir uns immer nach den beiden Wz. R 1 und R 6. Nach 2 Std. 21 Min. gehen wir bei einer großen Wegkreuzung rechts steil aufwärts und folgen nur noch dem Wz. R 1; der Weg mit dem Wz. R 6 geht nach links. Nach 2 Std. 29 Min. gehen wir bei einer Weggabelung geradeaus weiter (hier **kein** Wz.) und der Weg steigt nur noch leicht bergan. Bei weiteren Weggabelungen gehen wir stets geradeaus weiter. Nach 2 Std. 33 Min. überqueren wir einen Weg und gehen weiter geradeaus aufwärts; jetzt finden wir wieder das Wz. R 1, dem wir folgen. Nach 2 Std. 37 Min. geht der Weg sogar kurze Zeit etwas abwärts und dann wieder eben. Zwischen den Bäumen sehen wir die Häuser von Lehnacker jenseits des Büttentales. Nach 2 Std. 40 Min. kommen wir zu einer großen Wegkreuzung mit einer Bank und gehen hier auf dem breiten Wirtschaftsweg geradeaus aufwärts Richtung „Lehnacker" (Wz. R 1 und 20). Der breite Weg steigt jetzt wieder kräftig bergan.
Nach 2 Std. 45 Min. wandern wir bei einer Weggabelung geradeaus eben weiter, dem Wz. 20 nach. Der grasbewachsene Weg führt am Osthang des Köpfles (770 m) sehr angenehm durch schönen Mischwald leicht aufwärts teilweise an Felsgruppen vorbei. Nach 3 Std. 2 Min. wandern wir bei einer Weggabelung geradeaus eben weiter Richtung „Lehnacker" den Wz. R 1 und 20 nach, an einer Bergwiese und an Ginster vorbei. Nach 3 Std. 10 Min. sind wir an der Waldecke (730 m) oberhalb von Lehnacker und von links stößt der Köpflerundweg auf unsere Wanderung. Wir gehen jetzt über eine schöne Wiese geradeaus weiter zum nahe gelegenen Gasthof „Krone" in Lehnacker. Wir haben einen wunderschönen Blick nach rechts und nach links. Nach rechts sehen wir den Schweizer Jura und bei guter Fernsicht die Alpen. Der Weg auf dem Bergkamm ist besonders schön. Links tief unten liegen der Schneiderhof (ein Museum) sowie der Hotel-Gasthof „Zum Fröhlichen Landmann" in Kirchhausen. Nach 3 Std. 15 Min. sind wir

beim Gasthaus „Krone" (710 m; Einkehrmöglichkeit) in Lehnacker angekommen, wo wir auch einen hölzernen Brunnen finden.
Unsere Wanderung geht am Gasthaus „Krone" nach rechts weiter auf der Kreisstraße mit schönem Blick zum Köpfle. 2 Min. nach dem Gasthaus verlassen wir die Kreisstraße und gehen links die Tiergartenstraße aufwärts, ebenfalls auf einem asphaltierten, aber sehr schmalen Weg, an einem Bauernhof vorbei. Kurz darauf, nach 3 Std. 19 Min. Wanderzeit, gabelt sich das asphaltierte Sträßchen und wir nehmen den linken Weg in der Nähe des Waldrandes. Bei Weggabelungen bleiben wir immer auf dem asphaltierten Weg, der sehr schöne Ausblicke nach Südwesten bietet. Nach 3 Std. 25 Min., bei einer besonders schönen Aussicht, haben wir den höchsten Punkt (775 m) unserer Rundwanderung erreicht, und bei einer Aussichtsbank hört die Asphaltdecke auf. Hier gehen wir geradeaus weiter auf einem Wiesenweg am Waldrand entlang. – **Achtung!** Wir gehen bei der Bank **nicht** nach rechts hoch. – Der schöne Pfad liegt zwischen Wiese und Waldrand und ist nicht so einfach zu finden, da er nicht markiert ist. 3 Min. nach der Bank ist die Wiese zu Ende und wir gehen auf einem schmalen Pfad geradeaus eben in den Wald hinein. Nach wenigen Schritten stoßen wir auf den breiten Tiergartenweg und gehen diesen nach rechts. Nach einer Wanderzeit von 3 Std. 32 Min. kommen wir am Wald zu einer Weggabelung und gehen hier nach links auf dem breiten, nicht asphaltierten Wirtschaftsweg. Der Weg führt fast eben durch den Nadelwald. Rechts von uns liegt der Gipfel des Berges Tiergarten (793 m). Bei Weggabelungen bleiben wir immer auf dem breiten Weg, der dann nach 3 Std. 35 Min. abwärts führt. Nach 3 Std. 40 Min. verläuft der breite, angenehme Weg eben weiter durch Nadelwald. 3 Min. später kommt von rechts ein breiter Weg auf unseren Wirtschaftsweg und wir gehen hier geradeaus weiter. Bald sehen wir links unten zwischen den Bäumen die Häuser von Ebigen. Nach 3 Std. 47 Min. kommen wir an den Waldrand und sehen auf den Nollen, den wir umwandert haben.
45 Nach 4-stündiger Wanderung sind wir wieder bei dem Parkplatz auf dem Bergpass zwischen Sallneck und Lehnacker, wo unsere Rundwanderung begonnen hat.

Schneiderhof 1696

🕐 **Gehzeit und Steigung:**
Reine Gehzeit: 4 Std. (17 km)
Höhendifferenz: 550 m

Abkürzung:
Von dem Wasserbehälter oberhalb von Eichholz, nach einer Wanderzeit von 1 Std. 16 Min., wandert man auf dem asphaltierten Sträßchen zurück nach Ebigen und von dort aus, wie bereits auf dem Hinweg, zurück zum Parkplatz.
Gehzeit: 2 Std. (9 km)
Höhendifferenz: 220 m

Hinweise:
In **Kirchhausen**, wenige Minuten von unserer Rundwanderung entfernt, befindet sich das **Bauernhausmuseum Schneiderhof** (altes Bauernhaus aus dem Jahre 1696; Öffnungszeiten: Mai bis Oktober, mittwochs, samstags und sonntags von 15.00 bis 17.00 Uhr, Führungen zu jeder vollen Stunde. Der „Schneiderhof" gibt einen anschaulichen Eindruck über die Lebens- und Arbeitsweise der bäuerlichen Bevölkerung in früherer Zeit. Anmeldung für Gruppen ab 20 Personen telefonisch; Tel. 07629/1553.)
Unweit unserer Rundwanderung zwischen Fahrnbuck und Schlächtenhaus ist der **Vogelpark Wiesental**. Unsere **Zufahrt** zwischen Weitenau und Hofen führt direkt daran vorbei. (Täglich geöffnet vom 15. März bis 1. November; im März 10.00 – 17.00 Uhr, April bis November 9.00 – 18.00 Uhr; kostenfreie Parkplätze; Tel. 07627/7420).
In **Wieslet**, 2 km vom Ortsteil Schillighof entfernt, im früheren evang. Pfarrhaus (Kirchstr. 11), befindet sich das **Friedrich-Ludwig-Museum** (sonntags geöffnet von 14.00 bis 18.00 Uhr; Tel. 07622/207).

✗ **Einkehrmöglichkeiten:**
Unterwegs: Gasthof „Hirschen" in **Schillighof** (montags und freitags Ruhetag; Betriebsferien meistens im Oktober und November; Tel. 07627/412). In **Lehnacker** Gasthaus „Krone" (dienstags Ruhetag; keine Betriebsferien; Tel. 07629/313). 5 Min. von unserer Rundwanderung entfernt in **Kirchhausen** Gasthof-Hotel „Zum fröhlichen Landmann" (montags Ruhetag;

Betriebsferien an Fastnacht; Tel. 07629/388). Ebenfalls 5 Min. von unserer Rundwanderung entfernt im Ortsteil **Lehnacker**, beim **Katzenbergweg,** Gasthaus „Zur Tanne" (donnerstags Ruhetag; Betriebsferien im Februar/März und im November; Tel. 07629/618).

Empfohlene Wanderkarten:
1. Atlasco-Wanderkarten 1:30.000, Nr. 217, 222, 241 oder 257
2. Kompass-Wanderkarte 1:30.000, Nr. 897
3. Schwarzwaldvereinskarte 1:50.000,
   Blatt 8 (Belchen–Wiesental)

Rund um das Tal der Köhlgartenwiese

Eine sehr aussichtsreiche und empfehlenswerte fast 5-stündige Rundwanderung über die Höhen südlich und nördlich des Tales der Köhlgartenwiese. Die Wanderung kann immer empfohlen werden, solange kein Schnee liegt. Ganz besonders schön ist sie jedoch im Herbst bei guter Fernsicht mit Blick zu den Alpen. Sehr schön ist die Wanderung auch im Mai, wenn die Obstbäume und die Wiesenblumen blühen. Etwas später finden wir Ginster und dann im Hochsommer blühenden Fingerhut entlang des Weges. Die Wanderwege in diesem Gebiet sind nicht sehr stark begangen, obwohl sie viele prachtvolle Ausblicke bieten. 2 Stunden lang führt die Wanderung über asphaltierte Sträßchen mit sehr wenig Verkehr, sonst über nicht asphaltierte Wirtschaftswege und Fußpfade.

Zufahrt:
Von der Autobahn Karlsruhe–Basel (A 5) nimmt man die Ausfahrt Neuenburg, fährt über Müllheim, Niederweiler, über die Hochblauenstraße südlich an Badenweiler, an den Reha-Kliniken im hintersten Kandertal vorbei und über die Passhöhe Lipple nach Wies (von der Autobahn 25 km). Von Basel oder Lörrach aus fährt man durch das Wiesental bis kurz vor Schopfheim und dann durch das Kleine Wiesental nach Tegernau, dort links ab Richtung „Wies" (von Lörrach 28 km). Beim Gasthaus „Krone" und bei der Kirche in Wies finden wir ausreichend Parkmöglichkeiten. Die Rundwanderung kann auch in Sallneck, in Tegernau oder in Schwand begonnen werden.

Anfahrt mit öffentlichem Verkehrsmittel:
Bus: Linie 7310 (SBG), Schopfheim–Tegernau–Wies
Haltestelle Wies oder Tegernau
(verkehrt nur montags bis freitags und samstagvormittags)

Im Sommerhalbjahr (Anfang Juni bis Ende Oktober) verkehrt sonn- und feiertags der SBG-Wanderbus Schopfheim–Kleines Wiesental–Haldenhof, Haltestelle Tegernau oder Schwand. (Tel. Info: SBG Schopfheim: 07622/19449).

Wanderung:

Min. Die Wanderung beginnt bei der Kirche von Wies (590 m), wie auch die beschriebene Rundwanderung Nr. 244 „Zwischen Köhlgartenwiese und Kandertal". Wir wandern auf der Dorfstraße am Gasthaus „Zur Krone" vorbei und biegen kurz danach links ab auf die Wambacher Straße, überqueren die Landstraße Tegernau–Badenweiler und wandern auf einem asphaltierten Sträßchen aufwärts Richtung „Wambach–Sallneck", dem Wz. blauer Schrägstrich folgend. Das Sträßchen führt am Waldrand aufwärts mit schönem Rückblick auf Wies und in das Tal der Köhlgartenwiese. Nach 7 Min. wandern wir bei einer Straßengabelung weiter geradeaus Richtung „Wambach". Hinter uns erblicken wir den Köhlgarten (1224 m), den höchsten Berg südlich des Belchens. Nach 10 Min. geht es an einem einsamen Haus mit Brunnen vorbei. Bei Weggabelungen gehen wir immer auf dem asphaltierten Sträßchen aufwärts, im Sommer an
25 blühendem Ginster und Fingerhut vorbei. Nach 25 Min. verlassen wir den Wald und sehen vor uns die Häuser des kleinen Dörfleins Wambach, das zur Gemeinde Wies gehört. Oberhalb des kleinen Ortes erblicken wir den Wildsberg (1018 m) und den Hohwildsberg (1086 m), dazwischen den Bergsattel Am Gleichen (946 m). Nach 38 Min. haben wir die Ortsmitte von Wambach (750 m) erreicht, wo man rechts, im ehemaligen Schulhaus, Getränke kaufen kann (sonst keine Einkehrmöglichkeit). Wir gehen hier geradeaus eben weiter und finden nach wenigen Schritten bei einer Linde eine schöne Bank mit einem erfrischenden Brunnen sowie eine Informationstafel. Wir folgen hier dem Wegweiser „Glaserberg, Sallneck" und dem Wz. blauer Schrägstrich. Nach 100 m steht ein weiterer Brunnen; wir gehen hier geradeaus weiter. Beim letzten Haus von Wambach endet die Asphaltdecke und wir wandern bei einer Weggabelung links abwärts über Wiesen mit Obstbäumen.

Jenseits des Kleinen Wiesentales sehen wir den Zeller Blauen (1077 m) und rechts daneben die Hohe Möhr (983 m). Nach 43 Min. halten wir uns bei einer Weggabelung am Waldrand rechts. 6 Min. später sind wir in einem kleinen Seitentälchen an einer Bank des Verkehrsvereines Wies und wandern auf dem wunderschönen Weg am Waldrand entlang eben weiter. Bei der nächsten Weggabelung nehmen wir den linken Weg, der am Waldrand verläuft (Wz. R 4 und blauer Schrägstrich). Der Weg führt in schönem Buchenwald abwärts und nach 57 Min. erreichen wir ein anderes Seitental der Köhlgartenwiese. Wir gehen am Waldrand entlang weiter und kommen nach 1 Std. Wanderzeit auf einen breiteren Weg, den wir im spitzen Winkel nach rechts aufwärts gehen, den Wz. blauer Schrägstrich und R 4 Richtung „Sallneck" nach. In schönem Mischwald immer auf dem breiten Weg bleibend wandern wir aufwärts zum Glaserberg. Wir überqueren einen schmäleren Weg und haben nach 1 Std. 15 Min. den Glaserberg erreicht (775 m; Hütte), den höchsten Punkt unserer Rundwanderung. Kurz vor der Wegkreuzung auf dem Glaserberg gehen wir im spitzen Winkel links abwärts Richtung „Sallneck" und folgen dem Wz. R 5. (Man gehe nicht Richtung „Kirchhausen"!) Der Weg führt jetzt ständig bergab durch Mischwald und ist markiert. Nach 1 Std. 22 Min. kommen wir auf einen breiteren Weg und gehen diesen links abwärts durch Mischwald. 4 Min. später wenden wir uns bei einer Weggabelung, unweit einer kleinen Waldwiese, nach rechts, und kurz danach bei der nächsten Weggabelung ebenfalls nach rechts, gut markiert durch das Wz. Der Weg führt an einem munter plätschernden Bach entlang talauswärts. Nach 1 Std. 32 Min. kommen wir an den Waldrand (635 m) und sehen vor uns die Häuser von Sallneck, dahinter die Höhenzüge jenseits des Kleinen Wiesentales. Rechts ist eine Hütte, unter deren Vordach Unterstehmöglichkeit besteht. Wir gehen den Riedmattweg am Waldrand entlang weiter abwärts, Richtung „Sallneck" und genießen die wunderbare Aussicht. Nach 1 Std. 40 Min. sind wir in einem anderen Seitental der Köhlgartenwiese. Unser Weg führt leicht bergan und ist leider wieder asphal-

Köhlgarten

tiert. Nachdem wir ein Wäldchen durchschritten haben, genießen wir von den Wiesen (Obermatt) eine wunderschöne Rundsicht. Nach 1 Std. 48 Min. kommen wir zur Straße Wies–Sallneck und kurz darauf zum ersten Haus von Sallneck, dem Gasthof-Pension „Hirschen" (615 m; Einkehrmöglichkeit). Von der Terrasse des Gasthofes hat man einen wundervollen Blick zum Köhlgarten und in das hintere Köhlgartenwiesetal.

Vor dem Hotel „Hirschen" verlassen wir die Landstraße und gehen rechts aufwärts, bei der nächsten Wegkreuzung geradeaus abwärts. Nach wenigen Schritten kommen wir zu der Kreisstraße Tegernau–Kirchhausen. – Falls wir abkürzen wollen, können wir links abwärts auf dieser Straße nach Tegernau (3 km) wandern (siehe **Abkürzung**). – Unsere Rundwanderung führt jedoch auf der Straße rechts aufwärts, am Rathaus von Sallneck vorbei. Nach 2-stündiger Wanderung verlassen wir die Landstraße, die nach Kirchhausen und Endenburg führt, und wandern nach links auf einer asphaltierten Straße an einzelnen Häusern von Weiersbach vorbei, mit großartiger Aussicht nach Norden (Wz. blauer Punkt). Bei Straßengabelungen bleiben wir immer auf dem asphaltierten, breiten Sträßchen und gehen dieses geradeaus, die schönen Ausblicke genießend. Nach 2 Std. 10 Min. sind wir im Ortsteil Ebigen (650 m) an einer Weggabelung. – Wenige Schritte von hier verläuft die Rundwanderung Nr. 242 „Rund um den Nollen: Eine Wanderung über dem Kleinen Wiesental". – Wir wandern hier ein schmales Sträßchen links steil abwärts über Wiesen (kein Wz.; nur Hinweisschild „Waldweg gesperrt für Motorfahrzeuge"). Wir haben jetzt einen sehr schönen Blick auf Schwand, jenseits des Tales der Köhlgartenwiese, zum Köhlgarten und zum Belchen. 5 Min. später gehen wir bei der nächsten Weggabelung geradeaus am Waldrand entlang abwärts mit weiterhin prachtvollen Ausblicken. Nach 2 Std. 18 Min. hört die Asphaltdecke auf und wir wandern links abwärts, zunächst über Wiesen, dann durch Mischwald. Wir wandern bei der nächsten Weggabelung geradeaus weiter und sehen im Tal die Häuser von Tegernau. Nach 2 Std. 36 Min. kommen wir zu einem asphaltierten Sträßchen, gehen dieses links abwärts und sind 3 Min. später auf der Kreisstraße Tegernau–Sallneck, die wir geradeaus abwärts weiterwandern. – Hier treffen wir auf unsere Abkürzung, die von Sallneck herabführt. – Wir überqueren die Talstraße Tegernau–Wies, gehen auf der anderen Straßenseite zunächst über eine Wiese, dann auf einem asphaltierten Weg unterhalb der Landstraße weiter. Bald sind wir beim ersten Haus von Tegernau und gehen auf dem Sträßchen zunächst Richtung Ortsmitte weiter. Nach 2 Std. 45 Min. berühren wir kurz die Talstraße und biegen hier nach links auf die Ortsstraße, die über die Köhlgartenwiese führt.

Nach der Brücke (440 m) geht die Straße rechts zur Ortsmitte von Tegernau. – Unsere Wanderung führt jedoch auf einem asphaltierten Weg links talaufwärts entlang der

Tegernau

Köhlgartenwiese. Bald nach der Brücke hört die Asphaltdecke auf und unser schöner Weg führt jetzt am Waldrand talaufwärts. Bei einer Weggabelung am Waldrand wandern wir rechts aufwärts. Es geht links an einem Fischteich vorbei, durch Mischwald kräftig bergan (Wz. roter Punkt). Bei Weggabelungen gehen wir immer den breiten Weg (Alte Schwander Straße) geradeaus aufwärts. Nach einer Wanderung von 3 Std. 5 Min. wenden wir uns bei einer Weggabelung nach links Richtung „Schwand" (Wz. roter Punkt). Bei weiteren Weggabelungen gehen wir stets auf dem breiten Weg geradeaus weiter aufwärts und erreichen bald den Waldrand. Von hier führt der Weg über schöne Bergwiesen aufwärts zu dem Dörflein Schwand. In den Wiesen überqueren wir einen breiten Wirtschaftsweg und wandern auf einem grasbewachsenen Weg geradeaus weiter. Bei den ersten Häusern von Schwand kommen wir zur Straße Tegernau–Schwand und gehen diese rechts aufwärts. Nach 3½-stündiger Wanderung sind wir an einem Brunnen in der Ortsmitte von Schwand (665 m). Wenige Schritte rechts davon ist der Berggasthof „Sennhütte" (Einkehrmöglichkeit; Gartenwirtschaft). In Schwand treffen wir auch auf die beschriebene Rundwanderung Nr. 245 „Wanderung nach Kühlenbronn".

Unsere Wanderung führt von der Ortsmitte nach links weiter Richtung „Wies". Nach wenigen Metern gabelt sich das Sträßchen und wir gehen nach rechts, zunächst Richtung „Raich". 7 Min. nach der Ortsmitte von Schwand verlassen wir die asphaltierte Straße und gehen am Waldrand links aufwärts Richtung „Wies" (Wz. blauer Balken). Wir kommen an einer Aussichtsbank vorbei und gehen 50 m danach einen breiteren Weg nach links. Wieder am Waldrand angelangt haben wir eine schöne Aussicht auf Schwand, zum Schweizer Jura und bei guter Fernsicht bis zu den Alpen. Nach wenigen Schritten sind wir an einer Waldecke und wandern am Waldrand entlang rechts bergauf Richtung „Demberg–Wies" (Wz. blauer Balken). Bei der nächsten, kurz darauf folgenden Weggabelung, gehen wir wieder nach links, jetzt im Wald steil aufwärts. Nach 3 Std.

45 Min. kommen wir zu einer großen Waldwiese; hier am Waldrand wandern wir eben entlang nach links Richtung „Wies", dem Wz. blauer Balken nach. Am Ende der Waldwiese gehen wir links abwärts, durch ein kurzes Waldstück wieder zu einer Waldwiese mit einem prachtvollen Blick nach Süden. Bei der nächsten Waldecke gehen wir zunächst links abwärts mit Blick auf den Hochblauen. 1 Min. später kommen wir oberhalb der Häuser von Demberg an eine Weggabelung (715 m) und wandern hier nach rechts Richtung „Wies" weiter (Wz. blauer Balken und SR 1). Bei Weggabelungen bleiben wir stets auf dem breiten Weg und gehen geradeaus weiter bergauf, nach einiger Zeit leicht bergab. **Achtung!** Nach einer Wanderung von 4 Std. 9 Min. verlassen wir den breiten Weg (760 m) und gehen links auf einem schmalen Pfad steil abwärts durch Nadelwald, dem Wz. blauer Balken nach. Der Weg führt teilweise am Waldrand entlang mit schönen Ausblicken in das Tal der Köhlgartenwiese. Wir folgen stets dem Wz. blauer Balken Richtung „Demberg–Wies" durch sehr schönen Mischwald. Teilweise ist der Weg stark mit Gras bewachsen, aber nicht zu verfehlen, da er hier sehr gut markiert ist. Nach 4 Std. 19 Min. kommen wir auf einen kleinen Bergsattel mit einer Wegkreuzung und einer Bank. Wir wandern hier geradeaus weiter Richtung „Wies", dem Wz. blauer Balken folgend. Aus dem Wald herauskommend genießen wir wunderschöne Ausblicke nach Wies und in das Tal der Köhlgartenwiese hinab sowie nach rechts auf Fischenberg und zum Köhlgarten. Nach 4 Std. 22 Min. macht unser schöner Wiesenweg bei einer Waldecke eine starke Rechtskurve; wir wandern hier weiter abwärts Richtung Ortsmitte von Wies. Dieser Teil der Wanderung ist zur Zeit der Obstbaumblüte besonders schön. Wir wandern bei einer Aussichtsbank geradeaus weiter, später an einem Wildgehege vorbei. Nach 4½-stündiger Wanderung erreichen wir den Haldenweg; von jetzt ab ist der Weg wieder asphaltiert. Bald sind wir bei den ersten Häusern von Wies und gehen Richtung Kirche das Sträßchen links abwärts. Es geht am Rathaus und an der Schule vorbei; danach überqueren wir die Köhlgartenwiese. Nach einer Wanderzeit von 4 Std. 40 Min. haben wir wieder den Parkplatz bei der Kirche erreicht.

Gehzeit und Steigung:
Reine Gehzeit: 4 Std. 40 Min. (20 km)
Höhendifferenz: 690 m

Abkürzung:
Von Sallneck wandern wir die Kreisstraße direkt abwärts Richtung „Tegernau".
Gehzeit: 4 Std. 25 Min. (19 km)
Höhendifferenz: 660 m

Einkehrmöglichkeiten:
Unterwegs: In **Sallneck** Gasthof-Pension „Hirschen" (montags Ruhetag; Betriebsferien im November und Februar;

aussichtsreiche Terrasse; Tel. 07629/249). In **Schwand** Berggasthof „Sennhütte" (dienstags Ruhetag; Betriebsferien im Januar/Februar; sehr schöne Gartenwirtschaft; Tel. 07629/91020).

In **Tegernau**, ungefähr 500 m von unserer Rundwanderung entfernt, Gasthaus „Ochsen" (mittwochs Ruhetag; Betriebsferien nicht festgelegt; Tel. 07629/279).

Am **Ausgangspunkt** unserer Wanderung in **Wies**, Gasthof „Zur Krone" (donnerstags Ruhetag; Betriebsferien im Februar; Gartenwirtschaft; Tel. 07629/640).

Empfohlene Wanderkarten:
1. Atlasco-Wanderkarten 1:30.000, Nr. 217, 222, 241 oder 257
2. Kompass-Wanderkarten 1:30.000, Nr. 890 oder 897
3. Schwarzwaldvereinskarte 1:50.000,
   Blatt 8 (Belchen–Wiesental)

Zwischen Köhlgartenwiese und Kandertal

Eine knapp 3-stündige, sehr angenehme und nicht anstrengende Rundwanderung in einem wenig bekannten Gebiet des südwestlichen Schwarzwaldes. Die Wanderung kann zu jeder Jahreszeit empfohlen werden, außer wenn Schnee liegt. 20 Minuten führt die Wanderung über asphaltierte Sträßchen, jedoch fast ohne Verkehr, sonst immer über breite Holzabfuhrwege oder schmale Fußpfade.

244

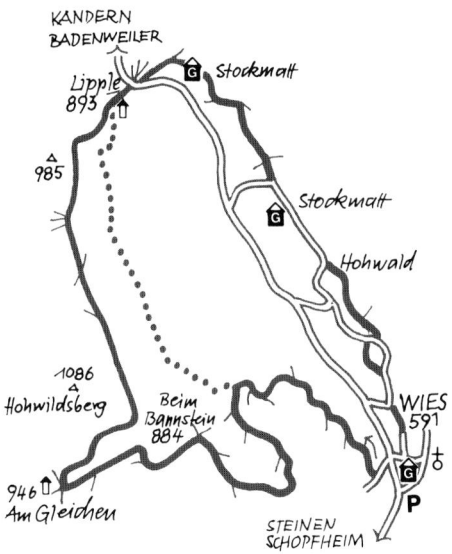

Zufahrt:
Von der Autobahn Karlsruhe–Basel (A 5) nimmt man die Ausfahrt Neuenburg und fährt dann auf der B 378 über Müllheim, Niederweiler südlich an Badenweiler vorbei über die Hochblauenstraße, dann an den Reha-Kliniken vorbei und über das Lipple nach Wies (von der Autobahn 25 km). Von Basel oder von Lörrach aus benutzt man am besten die Kandertalstraße nach Kandern, fährt dann durch das hintere Kandertal nach Marzell. 2 km nach Marzell biegt man rechts ab und fährt wie oben beschrieben über das Lipple nach Wies (Entfernung von Basel 40 km).
Beim Gasthaus „Krone" und bei der Kirche in Wies finden wir ausreichend Parkmöglichkeiten. Die Rundwanderung kann auch beim Lipple begonnen werden.

Anfahrt mit öffentlichem Verkehrsmittel:
Bus: Linie 7310 (SBG), Schopfheim–Wies
  Haltestelle Wies
  (verkehrt nur montags bis freitags und samstagvormittags).

27

🥾 Wanderung:

Min. Die gesamte Rundwanderung ist durch zwei gelbe Halbkreise durchgehend markiert. Weitere existierende Wz. sind zusätzlich erwähnt. Die Wz. sind jedoch manchmal schwer zu erkennen.

Vom Gasthaus „Krone" in Wies (590 m) oder vom Parkplatz bei der Kirche gehen wir in Richtung „Wambach" auf dem asphaltierten Sträßchen zur Lipple-Landstraße, überqueren diese und wandern ein asphaltiertes Sträßchen, den „Wanderweg Wambach" (neben unserem Wz. zwei gelbe Halbkreise auch die Wz. blauer Querstrich und blauer Punkt) aufwärts. Es geht an einzelnen Häusern vorbei. Nach 6 Min. sind wir beim letzten Haus von Wies und biegen hier von der Straße nach rechts ab auf den Stockrütteweg, dem Wegweiser „Wambach" nach. Bald hat man einen schönen Blick auf Wies und zum Köhlgarten. Nach 11 Min. Wanderzeit, bei einer Weggabelung, gehen wir geradeaus unseren Wz. zwei gelbe Halbkreise sowie roter Punkt nach. Nach 17 Min. kommen wir an eine Waldwiese und wandern bei der Weggabelung geradeaus weiter (Wz. zwei gelbe Halbkreise und roter Punkt). Nach 20 Min., bei einer weiteren Weggabelung, gehen wir nach links aufwärts, **nicht** nach rechts dem Wegweiser „Lipple" nach. Nach 25 Min. wandern wir bei einer Weggabelung im Wald nach rechts aufwärts, nicht nach links auf den Hegerrütteweg, der nach „Wambach" zieht. 2 Min. später kommen wir wieder an eine Weggabelung und gehen halb rechts weiter. Nach

32 32 Min., nach einem steilen Stich, kommen wir wieder an eine Weggabelung und wandern hier nach links den Bannsteinweg steil aufwärts, der uns durch wunderschönen Mischwald führt. – Wir können hier die Wanderung abkürzen, indem wir geradeaus über den unteren Rossbodenweg direkt zum Lipple gehen. – Bei der nächsten Weggabelung, nach 35 Min., bleiben wir auf dem linken, breiten Weg, ebenso nach 38 Min. Der Weg führt jetzt eben weiter. Nach

Am Gleichen

45 Min. haben wir einen besonders schönen Ausblick: Im Südosten zum Zeller Blauen und zur Hohen Möhr, im Norden zum Köhlgarten und unterhalb des Berges zum Weiler Kühlenbronn, im Osten zu den Häusern von Demberg. Kurz darauf erkennt man zwischen den Bäumen den kleinen Weiler Wambach, direkt unter uns. Der breite Holzabfuhrweg steigt jetzt allmählich wieder leicht an. Nach 53 Min. führt links ein Weg abwärts, wir halten uns hier rechts und steigen weiter sanft an. Nach 55 Min. stößt von rechts ein Weg auf unseren breiten Weg; wir gehen hier geradeaus weiter. Nach 1-stündiger Wanderzeit erreichen wir die Weggabelung „Beim Bannstein" (884 m). Hier wenden wir uns nach links Richtung „Gleichen".

Bei weiteren Gabelungen bleiben wir auf dem breiten Weg und kommen nach 1¼ Std. Wanderzeit zum Gleichen (946 m), einem Sattel zwischen dem Kandertal und dem Tal der Köhlgartenwiese (Unterstehhütte). Bei der Hütte gehen wir halb rechts auf dem Oberen Rossbodenweg, dem Wz. blauer Rhombus nach Richtung „Wanderheim Stockmatt". Der Weg führt wieder leicht bergab durch schönen Mischwald am Osthang des Hohwildsberges (1086 m) entlang. Bei Weggabelungen folgen wir dem breiten Weg (Wz. zwei gelbe Halbkreise und blauer Rhombus). Zwischen den Bäumen hat man hin und wieder einen Blick auf die Häuser des Ortsteiles Stockmatt von Wies sowie zum Köhlgarten. Nach 1 Std. 41 Min. sind wir beim Punkt „Am Bergle" (939 m), wo von links drei Wege einmünden. Wir gehen hier geradeaus weiter, jetzt abwärts (Wz. zwei gelbe Halbkreise sowie blauer Rhombus). Nach 1 Std. 52 Min. sind wir bei der Lipplehütte (Unterstehmöglichkeit), wo wir wieder auf unsere Abkürzung treffen. Wir wandern weiter geradeaus in Richtung „Wies" (Wz. zwei gelbe Halbkreise sowie blauer Rhombus und roter Punkt). 3 Min. nach der Hütte gelangen wir zum Sattel Lipple (893 m) an der Landstraße Marzell–Wies und überqueren diese. – Links und rechts der Straße sind große Parkplätze mit einer Hütte (Unterstehmöglichkeit) und einem Brunnen. Im Winter finden wir hier sehr schöne Langlaufloipen, mit einer Skihütte. Hier treffen wir auf die Rundwanderungen Nr. 228 „Rund um Marzell: Zwischen Hochblauen und Lipple" und Nr. 229 „Vom Kreuzweg über den Ritterhof zur Stockmatt". –

Jenseits der Landstraße gehen wir halb rechts den breiten Holzabfuhrweg weiter Richtung „Wies" sowie „Wanderheim Stockmatt" (Wz. zwei gelbe Halbkreise und roter Punkt). Nach 2-stündiger Wanderzeit gehen wir bei einer Weggabelung rechts abwärts Richtung „Stockmatt–Hüttenwirtschaft". Das Wanderheim „Stockmatt" (870 m; Einkehrmöglichkeit) ist nach 2 Std. 5 Min. erreicht und wir wandern von hier auf dem breiten Weg weiter abwärts, an einer Schranke vorbei, deutlich gekennzeichnet durch den Wegweiser „Wies" sowie den Wz. zwei gelbe Halbkreise und roter Punkt. Kurz danach steigt der Weg etwas an; nach 2 Std. 8 Min. verlassen wir den breiten Holzabfuhrweg und biegen nach rechts abwärts. Bald kommen wir aus dem Wald heraus und sehen unter uns die Häuser von Stockmatt, auf der anderen Talseite den Hohwildsberg, um dessen Ostseite unsere Wanderroute verlief. Nach 2 Std. 13 Min. verlassen wir den Wald und sehen vor uns im Süden die Ortschaft Sallneck. Kurz danach, nach Überqueren des Erlenmoosweges, wandern wir weiter Richtung „Wies" (Wz. zwei gelbe Halbkreise und roter Punkt). Nach einer Wanderzeit von 2 Std. 15 Min. kommen wir auf ein Asphaltsträßchen und gehen dieses geradeaus abwärts. Das Sträßchen führt an einzelnen Häusern von Stockmatt vorbei. – Nach 2 Std. 20 Min. sehen wir unter uns das „Appartement-Hotel" (Einkehrmöglichkeit). Wir haben jetzt einen besonders schönen Ausblick nach Süden: Auf den Hotzenwald, zum Schweizer Jura und bei guter Fernsicht zu den Berner Alpen. – 3 Min. später verlassen wir die Asphaltstraße, die eine Rechtskurve macht, um geradeaus auf einem nicht asphaltierten Weg durch den Wald zu wandern (Wz. zwei gelbe Halbkreise und roter Punkt). Nach 2 Std. 28 Min. gehen wir bei einer Weggabelung auf einem Wiesenweg abwärts und haben einen schönen Blick zum Köhlgarten und auf Wies. Bei Weggabelungen bleiben wir auf dem breiten Weg, der in Serpentinen abwärts führt. Nach 2 Std. 36 Min. kommen wir an ein Asphaltsträßchen und gehen dieses rechts abwärts. Unter uns sehen wir die Häuser von Wies, links den Weiler Kühlenbronn mit dem Köhlgarten. **Achtung!** Nach 2 Std. 40 Min. verlassen wir das Asphaltsträßchen und gehen kurz vor einer Rechtskurve auf einem Wiesenweg links abwärts. 1 Min. später kommen wir zum ersten Haus von Wies und damit auch wieder auf ein Asphaltsträßchen, das wir geradeaus abwärts wandern. Nach 2 Std. 45 Min. sind wir wieder beim Gasthaus „Krone" in Wies, dem Ausgangspunkt unserer Rundwanderung. – Hier beginnt auch die Rundwanderung Nr. 243 „Rund um das Tal der Köhlgartenwiese". –

Gehzeit und Steigung:
Reine Gehzeit: 2 Std. 45 Min. (13 km)
Höhendifferenz: 370 m

Abkürzung:
Während des Aufstieges von Wies zum Gleichen, nach 27-minütiger Wanderzeit, gehen wir geradeaus und treffen bei der Lipplehütte wieder auf die beschriebene Rundwanderung.
Gehzeit: 1 Std. 45 Min. (7 km)
Höhendifferenz: 320 m

Einkehrmöglichkeiten:
Unterwegs: Wanderheim „Stockmatt" (montags und dienstags bis 14.00 Uhr geschlossen; Betriebsferien nicht festgelegt, Tel. 07629/394). In **Wies**, einige Schritte unterhalb unserer Rundwanderung, Appartement-Hotel „Wies-Stockmatt" (Pächterwechsel in der ersten Jahreshälfte 2000; nähere Angaben lagen bei Redaktionsschluss nicht vor). Am **Ausgangspunkt** der Wanderung in **Wies** Gasthaus „Krone" (Gartenwirtschaft; donnerstags Ruhetag; Betriebsferien im Februar; Tel. 07629/640).

Empfohlene Wanderkarten:
1. Atlasco-Wanderkarten 1:30.000, Nr. 222 oder 257
2. Kompass-Wanderkarten 1:30.000, Nr. 890 oder 897
3. Schwarzwaldvereinskarte 1:50.000,
   Blatt 8 (Belchen–Wiesental)

Wanderung nach Kühlenbronn

Eine wenig anstrengende, sehr aussichtsreiche und abwechslungsreiche 3½-stündige Rundwanderung, die zu jeder Jahreszeit wärmstens empfohlen werden kann, außer bei Schnee. Die schönste Jahreszeit für diese Wanderung ist der Herbst, wenn die Laubfärbung eingesetzt hat und oft eine gute Fernsicht bis zur Alpenkette herrscht. Die Wanderung verläuft südlich des Köhlgartens, zwischen dem Kleinen Wiesental und dem Tal der Köhlgartenwiese. In Kühlenbronn berührt man wohl eines der abgelegensten Dörfchen des Schwarzwaldes. Die Wege und Pfade an diesem schönen Südrand des Schwarzwaldes sind sehr wenig begangen. Meistens führt die Wanderung über Holzabfuhrwege und Fußpfade, jedoch auch 37 Minuten über asphaltierte Sträßchen.

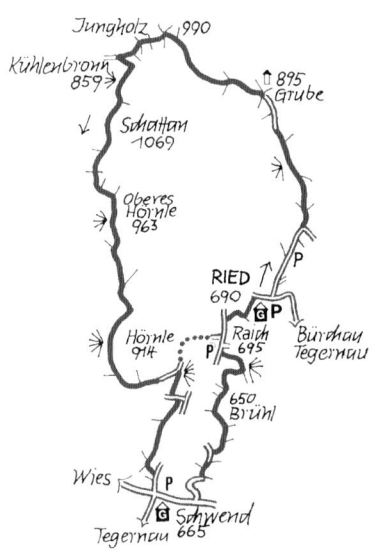

Zufahrt:
Die Wanderung beginnt in Ried, oberhalb des Kleinen Wiesentales. Von der Autobahn Karlsruhe–Basel (A 5) benutzt man die Ausfahrt Müllheim/Neuenburg, fährt durch Müllheim nach Niederweiler und von dort südlich an Badenweiler vorbei Richtung „Tegernau". Nach dem Reha-Zentrum von Marzell biegt man links ab Richtung „Wies–Tegernau". 4 km nach Wies biegt man beim Steinbruch links ab und fährt von dort über Schwand, Raich nach Ried (33 km ab Autobahnausfahrt). In Ried können wir vor dem Rathaus parken, oder falls wir nachher einkehren, vor dem Gasthaus „Adler". Ein weiterer Wanderparkplatz ist 500 m nördlich von Ried an unserer Wanderroute. Ferner kann die Wanderung in Schwand oder Raich begonnen werden, wo ebenfalls Parkmöglichkeiten bestehen. Von Basel kommend, benutzt man die B 317 durch das Wiesental, biegt 2 km vor Schopfheim in das Kleine Wiesental links ab und fährt über Tegernau, Schwand nach Ried (von Basel 38 km).

Anfahrt mit öffentlichem Verkehrsmittel:
Bus: Linie 7305 (SBG), von Schopfheim nach Ried (nur an Schultagen).
Im Sommerhalbjahr (Anfang Juni bis Ende Oktober) verkehrt an Sonn- und Feiertagen der SBG-Wanderbus „Kleines Wiesental" (Schopfheim–Haldenhof), der u.a. in den Dörfern Ried, Raich und Schwand hält (Tel. Info: SBG Schopfheim: 07662/19449).

Wanderung:
Min. Wir wandern vom Rathaus in Ried (690 m; Ortsteil der Gemeinde Raich) links hoch, Richtung „Grube, Jungholz" und folgen dem Wz. roter Punkt. Beim Rathaus finden wir einige historische Hinweise auf die Dorfgeschichte. Das asphaltierte Sträßchen führt an schönen Bauernhäusern vorbei. Bei Straßengabelungen gehen wir stets das Sträßchen geradeaus aufwärts. Nach 7 Min. Wanderzeit sind wir bei einem schönen Parkplatz, wo wir ebenfalls unsere Wanderung beginnen können, und nehmen hier bei einer Weggabelung den rechten, asphaltierten Weg, der eben zum Riederbächle weiterführt. Nach 10 Min. Wanderzeit überqueren wir den Bach, gleich danach nehmen wir den linken, asphaltierten Weg, der am Waldrand hochführt. Nach 13 Min. verlassen wir bei einer Weggabelung das Sträßchen und gehen geradeaus am Waldrand auf einem grasbewachsenen Weg weiter, Richtung „Grube" (Wz. roter Punkt). Es geht an Bergwiesen vorbei in dem wunderschönen Riederbächletal. Im Rückblick sehen wir die Jura-Berge und bei guter Fernsicht die Alpen. Nach 15 Min. nehmen wir bei einer Weggabelung den rechten Weg, der am Waldrand entlang ziemlich kräftig aufwärts führt (Wz. roter Punkt). Links sehen wir den Berg Schattann (1069 m), um den unsere Rundwanderung verläuft. Der Weg geht allmählich in den Mischwald hinein und wir steigen ständig bergan. Nach 27 Min. kommen wir auf einen breiten, nicht asphaltierten Wirtschaftsweg, und gehen diesen nach links weiter, nur noch leicht aufwärts (Wz. roter Punkt). Leider ist der

Hochblauen

schöne Wirtschaftsweg bald asphaltiert und es geht weiter durch Fichtenwald bergan. Bei Weggabelungen bleiben wir auf dem Sträßchen und gehen stets aufwärts. Nach einer Wanderzeit von <u>36 Min.</u> haben wir den Bergsattel Grube (895 m) mit einer Hütte, einem Grillplatz und einem Brunnen erreicht. – Hier stoßen wir auf die beschriebene Rundwanderung Nr. 246 „Rund um Neuenweg", der wir jetzt 20 Min. folgen.

Wir wandern von der Grube auf einem nicht asphaltierten Weg geradeaus weiter Richtung „Jungholz" durch Mischwald stets leicht aufwärts (Wz. blauer Rhombus). Bei Wegkreuzungen und -gabelungen bleiben wir immer auf dem breiten Wirtschaftsweg und gehen bergan, gut markiert durch das Wz. blauer Rhombus. Zwischen den Bäumen sehen wir rechts den Köhlgarten (1224 m), an dessen Südflanke der Bergsattel Jungholz, unser nächstes Ziel, liegt. Nach einer Wanderzeit von <u>56 Min.</u> haben wir den Bergsattel Jungholz (990 m) erreicht, wo mehrere Wege zusammentreffen. – Hier berühren wir kurz die Rundwanderung Nr. 223 „Von der Kälbelescheuer zum Nonnenmattweiher", über die wir unsere jetzige Wanderung verlängern können (siehe **Verlängerung**). – Unsere Wanderung führt von hier 30 m nach links auf dem Schattannweg, dann nach rechts auf einem grasbewachsenen Weg im Wald abwärts, Richtung „Kühlenbronn" (Wz. roter Schrägbalken im weißen Feld). Nach Überqueren eines breiteren Weges geht es geradeaus, jetzt steiler abwärts. Nach 1-stündiger Wanderung sind wir wieder an einem breiten Wirtschaftsweg, den wir überqueren und weiter steil abwärts nach Kühlenbronn gehen, nicht nach links dem Wz. roter Schrägbalken nach. Nach 1 Std. 4 Min. kommen wir aus dem Wald heraus und sehen unter uns das abgelegene Dörflein Kühlenbronn (859 m; **keine** Einkehrmöglichkeit) im Tal des Kühlenbronner Baches, eines Zuflusses zur Köhlgartenwiese. Geradeaus sehen wir die Bergkette, die das Kandertal vom Kleinen Wiesental trennt, links die Rheinebene mit Basel, dahinter den Jura. In Kühlenbronn treffen wir auf die Wanderung

Nr. 229 „Vom Kreuzweg über den Ritterhof zu Stockmatt".
Nach <u>1 Std. 6 Min.</u> sind wir beim Ortsanfang von Kühlenbronn, wandern **nicht** geradeaus in das Dorf hinein, sondern gehen im spitzen Winkel nach links auf einem nicht bezeichneten und nicht asphaltierten Weg, der fast eben durch die Wiesen unterhalb des Schattanns führt, mit prachtvollen Ausblicken.

2 Min. später gehen wir vor einem einsam gelegenen Haus rechts auf dem schönen Wiesenweg weiter. Nach 1 Std. 10 Min. führt unser Weg wieder in den Wald hinein und zurückblickend sehen wir noch einmal das kleine, abgelegene Dorf mit dem Köhlgarten im Hintergrund. Der schöne, grasbewachsene Weg wird etwas schmäler und führt fast eben durch einen Wald mit hochstämmigen Rottannen, später leicht abwärts in einen Buchenwald hinein. Nach 1 Std. 26 Min. gabelt sich der Weg, und wir gehen links aufwärts. – Der Weganfang ist etwas schwierig zu erkennen! – Bei einer Wegkreuzung wandern wir geradeaus eben weiter Richtung „Raich–Ried". Links sehen wir den Berg Oberes Hörnle (963 m), an dessen Westseite jetzt unser Weg entlangführt. <u>3 Min. später</u> kommen wir auf einen breiten, nicht asphaltierten Wirtschaftsweg, der vom Jungholz-Sattel kommt, und gehen diesen nach rechts, jetzt wieder dem Wz. roter Schrägbalken im weißen Feld folgend. Nach 1 Std. 38 Min. haben wir einen schönen Blick zum Hochblauen (1165 m) und rechts davon zum Meierskopf (1054 m). Kurz danach geht der Weg durch Mischwald angenehm abwärts. Nach 1 Std. 42 Min. treffen wir bei einer Weggabelung auf den Geisbergweg und gehen hier links eben weiter Richtung „Raich". Bald danach haben wir bei einer Rodung einen wunderschönen Ausblick nach Westen, ins Tal der Köhlgartenwiese hinab, wo das Dorf Wies liegt, und auf die Berge zwischen der Köhlgartenwiese und dem Kandertal. Der sehr schöne und angenehme Weg führt fast eben durch Mischwald. Nach 2-stündiger Wanderung kommen wir zu einer Weggabelung (830 m) südwestlich des Hörnles und gehen hier links auf dem breiten Weg weiter, Richtung „Raich" am südlichen Abhang des Hörnles (914 m) entlang (Wz. blauer Punkt und roter Schrägbalken). Wir gehen den breiten Weg, der bald abwärts führt, bei Weggabelungen immer geradeaus. Wenn wir aus dem Wald herauskommen (760 m), ist unser Weg wieder asphaltiert und geht weiter bergab. Nach 2 Std. 8 Min. kommen wir zu einem nicht asphaltierten Feldweg und haben von einer Bank einen prachtvollen Ausblick auf den Zeller Blauen auf der anderen Seite des Kleinen Wiesentales. Links unter uns liegen die Häuser von Raich, rechts davon ist Ried, der Ausgangspunkt unserer Wanderung. Oberhalb von Raich-Oberhäuser sehen wir im Hintergrund den Belchen. Im Süden erblicken wir tief unten im Wiesental die Häuser von Schopfheim-Langenau, dahinter den Dinkelberg mit dem Ortsteil Wiechs, den Schweizer Jura und bei guter Fernsicht die Alpen. Wir wandern den nicht asphaltierten Wirtschaftsweg nach rechts weiter. Nach

Schwand mit Berner Oberland

<u>43</u> **2 Std. 12 Min.** gehen wir bei einer Weggabelung auf dem ab hier asphaltierten Sträßchen links abwärts, bis wir nach wenigen Schritten kurz vor der Kreisstraße bei einer Weggabelung das Sträßchen verlassen, um nach rechts auf einem Wiesenweg, der bald in den Wald hineinführt, zunächst eben, dann abwärts zu wandern. Am Ende des Waldes bei einer Waldwiese gehen wir links abwärts, an einem Lärchenwald vorbei. Nach 2 Std. 20 Min. gehen wir bei einer Weggabelung nach links abwärts Richtung „Schwand" (Wz. blauer Balken im weißen Feld, sowie SR 1A). Beim Austritt aus dem Wald kommen wir zu einer Bank und gehen hier nach links, Richtung „Schwand". Nach kurzer Zeit geht es wieder in den Wald hinein, wenige Schritte leicht aufwärts. 2 Min. später verlassen wir den breiten Weg und wandern auf einem schmalen Fußpfad durch den Wald rechts abwärts, den beiden Wz. folgend. Nach wenigen Schritten kommen wir wieder aus dem Wald heraus, gehen am Waldrand entlang abwärts zur nahen Kreisstraße und diese im spitzen Winkel nach rechts Rich-
<u>18</u> tung Schwand. Nach 2½-stündiger Wanderung sind wir beim ersten Haus von Schwand, das zur Gemeinde Tegernau gehört, und bald bei der Pension und Gasthof „Sennhütte" (665 m; Einkehrmöglichkeit); der Name leitet sich von einer früheren Sennerei ab. – Hier befinden sich bei einer Busstation auch ein Unterstehhäuschen sowie ein Brunnen. In Schwand treffen wir auf die Wanderung Nr. 243 „Rund um das Tal der Köhlgartenwiese". – Wir wandern auf dem asphaltierten Sträßchen am Gasthof „Sennhütte" vorbei und folgen jetzt dem Wz. gelber Balken, Richtung „Raich", bis zum letzten Haus von Schwand. Dort teilt sich der Weg; wir gehen links das asphaltierte Sträßchen, den Lochmattweg, abwärts, dem Wz. gelber Balken nach. Nach 2 Std. 36 Min. endet die Asphaltdecke bei einer Scheune, und wir gehen links abwärts, weiterhin dem Wz. gelber Balken folgend. Bei Weggabelungen bleiben wir stets auf dem breiten Wirtschaftsweg, der abwärts führt. Nach 2 Std. 45 Min. kommen wir im Talgrund (590 m) zu einer Weggabelung. Wir gehen hier zunächst 20 m einen asphaltierten Weg nach links, an einer Bank vorbei

und dann gleich wieder nach rechts auf einem nicht asphaltierten Weg eben am Waldrand entlang weiter. Wir folgen hier dem Wz. gelber Balken sowie SR 3. Nach 2 Std. 49 Min. gehen wir bei einer Weggabelung nach links am Waldrand entlang. 1 Min. danach verlassen wir den Waldrand sowie den Rundweg SR 3 und gehen links im Wald steil aufwärts, nur noch dem Wz. gelber Balken folgend.

23 Nach 2 Std. 53 Min. bei einer Weggabelung im Wald gehen wir rechts weiter aufwärts, weiterhin dem Wz. gelber Balken nach. 3 Min. später kommen wir aus dem Wald heraus und gehen jetzt auf einem Wiesenweg rechts leicht abwärts am Waldrand entlang, gut bezeichnet durch das Wz. Nach knapp 3-stündiger Wanderung geht es an einem landwirtschaftlichen Geräteschuppen vorbei und gleich danach führt unser Weg kurze Zeit wieder in den Wald hinein. Wenn wir aus dem Wald herauskommen, sehen wir vor uns einen kleinen Hügel, um den unser Weg herumführt. Nach 3 Std. 6 Min. gehen wir bei einer Wegkreuzung in der Wiese links aufwärts, Richtung „Raich", den Wz. gelber und roter Balken folgend. Über eine schöne Talwiese führt der Weg aufwärts zu den Häusern von Raich. Bald haben wir das asphaltierte Sträßchen in Lochhäuser, einem Ortsteil von Raich, erreicht und gehen geradeaus weiter. Bei der nächsten Weggabelung gehen wir links aufwärts, den Wz. gelber Balken und roter Balken folgend zu den Bauernhäusern von Raich (695 m). Kurz darauf haben wir die Kreisstraße Ried–Raich–Schwand erreicht, die wir rechts abwärts gehen. Auf der anderen Talseite sehen wir das Dörflein Ried, links über uns die Häuser von Oberhäuser sowie dahinter das Obere Hörnle. Nach 3 Std. 20 Min. verlassen wir bei einer Bank, schon außerhalb des Ortes, die Asphaltstraße und gehen rechts auf einem Wiesenweg abwärts in das Raicherbächletal. Nach 3 Std. 22 Min. überqueren wir das Raicherbächle (660 m) und der Weg geht zunächst eben weiter. 2 Min. später treffen wir auf einen breiteren Weg und gehen diesen links aufwärts zu den nahen Häu-
37 sern von Ried. Nach 3½-stündiger Wanderung haben wir unseren Parkplatz in Ried wieder erreicht.

Gehzeit und Steigung:
Reine Gehzeit: 3½ Std. (15 km)
Höhendifferenz: 510 m

Abkürzung:
Von der Weggabelung oberhalb von Raich, bei der Aussichtsbank, gehen wir nach links in das Dorf Raich hinein und treffen dort wieder bei der Kreisstraße auf die beschriebene Rundwanderung.
Gehzeit: 2 Std. 35 Min.
Höhendifferenz: 360 m

Verlängerung:
Vom Bergsattel Jungholz aus wandern wir die beschriebene Wanderung Nr. 223 „Von der Kälbelescheuer zum Nonnenmattweiher", Richtung „Nonnenmattweiher". Von dort gehen

wir über die Kälbelescheuer, den Köhlgarten wieder zurück zum Jungholz, und dann wie oben beschrieben, weiter. Bei dieser Verlängerung hat man die Möglichkeit zum Baden im schönen Nonnenmattweiher.
Gehzeit: 7 Std. (29 km)
Höhendifferenz: 1040 m

✗ **Einkehrmöglichkeiten:**
Unterwegs: In **Schwand** Berggasthof „Sennhütte" (dienstags Ruhetag; Betriebsferien im Januar/Februar; schöne Gartenwirtschaft; Tel. 0 76 29/5 82). Am **Ausgangspunkt** unserer Wanderung in **Ried** Gasthaus „Adler" (mittwochs und donnerstags Ruhetag; Betriebsferien Mitte Oktober bis Anfang Dezember; Tel. 0 76 29/2 52).

Empfohlene Wanderkarten:
1. Atlasco-Wanderkarten 1:30.000, Nr. 217, 220, 222 oder 257
2. Kompass-Wanderkarten 1:30.000, Nr. 890 oder 897
3. Schwarzwaldvereinskarte 1:50.000,
   Blatt 8 (Belchen–Wiesental)

Rund um Neuenweg

Eine 6½-stündige, etwas anstrengende Rundwanderung mit wunderbarer, prachtvoller Aussicht. Der Belchen ist der schönste Aussichtsberg des Schwarzwaldes, wenn auch an den Wochenenden oder in den Ferien stark überlaufen. Wem die angegebene Rundwanderung zu weit ist, der kann unter zwei Abkürzungen auswählen, wobei die erste Abkürzung nicht sehr aussichtsreich ist. Die Rundwanderung führt meistens über nicht asphaltierte, schöne Waldpfade und Waldwege, lediglich bei Bürchau 30 Minuten über ein asphaltiertes Sträßchen. Der letzte Teil der Wanderung von Ober-Bürchau bis zum Kreuzweg führt durch schöne, stille Wälder, wo man nur ganz selten auf einsame Wanderer trifft. Die Wanderung kann zu jeder Jahreszeit empfohlen werden, wenn kein Schnee liegt. Zur heißen Jahreszeit jedoch sollte man den Aufstieg auf den Belchen möglichst früh machen, damit man nicht in die Mittagshitze hineinkommt. Bergstiefel oder feste Halbschuhe sind wegen des Abstieges vom Belchen sehr empfehlenswert.

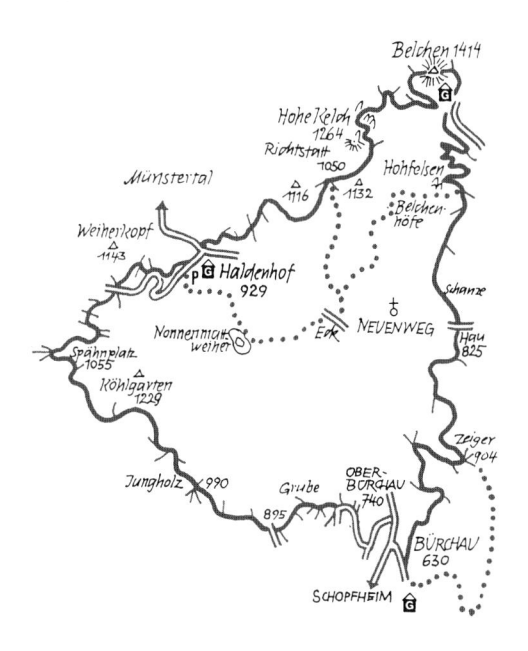

Zufahrt:
Der Ausgangspunkt der Rundwanderung, das Gasthaus „Haldenhof" in Hinterheubronn, kann über folgende Strecken erreicht werden:

1. Von der Autobahn Karlsruhe–Basel (A 5) fährt man über die Ausfahrt Bad Krozingen nach Staufen und dann in das Münstertal weiter. Dort biegt man nach dem Gasthaus „Löwen" rechts ab Richtung „Neuenweg" und erreicht von der Autobahn aus nach 27 km das Gasthaus.

2. Von der Autobahn Karlsruhe–Basel (A 5) fährt man über die Ausfahrt Neuenburg nach Müllheim, Oberweiler Richtung „Schönau" zum „Haldenhof" (24 km).
3. Vom unteren Wiesental fährt man durch das Kleine Wiesental nach Neuenweg und dann Richtung „Badenweiler" bis zum „Haldenhof".

Die Rundwanderung kann auch auf dem Kreuzweg oder in Bürchau begonnen werden.

Anfahrt mit öffentlichem Verkehrsmittel:
Bus: Linie 7310 (SBG), Schopfheim–Neuenweg–Haldenhof,
Haltestelle Haldenhof
(Verkehr nur montags bis freitags und samstagvormittags). Im Sommerhalbjahr (Anfang Juni bis Ende Oktober) verkehrt an Sonn- und Feiertagen der SBG-Wanderbus Schopfheim–Kleines Wiesental–Haldenhof;
Tel. Info: SBG Schopfheim: 07622/19449).
Linie 7250 (SBG), Müllheim–Haldenhof,
Haltestelle Neuenweg-Haldenhof
(verkehrt nur während der Sommermonate).

Wanderung:
Min. Wir wandern vom Gasthaus „Haldenhof" (929 m) auf dem Höhenweg Pforzheim–Basel Richtung „Belchen" und folgen dem Wz. roter Rhombus. Der zuerst breite, später schmale, sehr angenehme Weg führt durch einen schattigen Mischwald, zunächst eben, an Informationstafeln des Forstamtes über Waldschäden vorbei. Nach 12 Min., bei einer Gabelung, geht unsere Rundwanderung rechts aufwärts, dem Wz. roter Rhombus nach. Nach 17 Min. kommt unser Wanderweg aus dem Wald heraus, und wir gehen am Waldrand nach links weiter, mit schönem Ausblick in das Kleine Wiesental und zum Zeller Blauen. Bei einem schönen Grenzstein aus dem Jahre 1791 wandern wir am Waldrand entlang nach rechts auf einem Holzabfuhrweg,
35 der mit dem Wz. roter Rhombus markiert ist. Nach 35 Min. Wanderzeit sind wir an der Richtstatt (1050 m) angelangt, einem Sattel, bei dem mehrere Wege zusammenkommen. Hier treffen wir auf die Rundwanderungen Nr. 196 „Vom Münstertal auf den Belchen" und Nr. 197 „Rund um den Belchen". Wir halten uns hier links Richtung „Belchen" und folgen weiter dem Wz. roter Rhombus bergan, ebenso bei den nächsten Weggabelungen. Nach 45 Min. kommen wir an den Waldrand und sehen vor uns den Belchen mit dem Belchenhotel und gehen hier nach links, den kleinen Pfad weiter aufwärts, dem Wz. roter Rhombus nach. Wir betreten jetzt das Naturschutzgebiet am Belchen. Der schmale Pfad steigt an der Südseite des Hohen Kelches im schattigen Wald aufwärts, gut gesichert. Nach 52 Min. kommen wir an zwei Felskanzeln mit einem herrlichen Ausblick zum Köhlgarten, zum Hochblauen, in die tiefen Täler nach Münsterhalden und nach Bürchau sowie bei guter Fernsicht zum Jura, zu den Vogesen und bis zu den Alpen. Unser

schmaler Pfad geht jetzt in Serpentinen weiter aufwärts zum Hohen Kelch, und nach einer Wanderzeit von 1 Std. 5 Min. haben wir den Bergsattel (1245 m) zwischen Hohem Kelch und Belchen erreicht. Wir gehen hier geradeaus, zunächst weiter, dann links in den Wald hinein und folgen dem Wz. roter Rhombus. Nach 1 Std. 10 Min. macht unsere Rundwanderung eine Spitzkehre nach rechts und wir folgen hier weiter dem Wz. roter Rhombus und dem Wegweiser „Belchenhaus".

Nach 1 Std. 22 Min. sind wir beim Belchenrundweg angekommen und gehen die wenigen Schritte zum „Belchenhaus" (1359 m; Einkehrmöglichkeit) vor, das wir 3 Min. später erreicht haben. Hier stoßen wir auf die Rundwanderung Nr. 200 „Vom Wiedener Eck zum Belchen". – Man versäume nicht zur Belchenspitze (1414 m) hochzuwandern, wo wir nach 1 Std. 35 Min. Wanderzeit ankommen und einen einzigartigen Rundblick genießen. Man überblickt fast den ganzen Südschwarzwald, unter uns die Rheinebene, im Westen die Vogesen, im Süden den Jura und bei guter Fernsicht die Alpen. Tief unten im Tal sieht man im Westen Münstertal und Staufen sowie im Süden Neuenweg und Bürchau. –

Vom Gipfelkreuz aus gehen wir geradeaus weiter nach Osten und kommen auch auf diesem Wege wieder zum „Belchenhaus", wobei wir in das hintere Wiesental sehen, nach Untermulten, Aitern und Schönau. Nach 1 Std. 45 Min. sind wir wieder am „Belchenhaus". Unsere Rundwanderung setzen wir beim unteren Parkplatz des Belchenhotels fort, wo uns ein Wegweiser nach „Schopfheim" weist, und wir folgen dem Wz. blauer Rhombus abwärts nach Süden. Der kleine Pfad geht unterhalb der Landstraße über Wiesen mit besonders schönem Talblick abwärts. Der Fußpfad gabelt sich; wir bleiben auf dem oberen, etwas breiteren Pfad und wandern in Serpentinen weiter abwärts. Nach 1 Std. 55 Min. teilt sich unser kleiner Pfad, und wir gehen hier geradeaus weiter abwärts, Richtung „Neuenweg", dem Wz. blauer Rhombus nach. Es geht an den Felsgruppen Rosenfelsen und Hohfelsen vorbei; links unter uns

Alpenblick vom Belchen

sehen wir die Häuser von Böllen rechts von Neuenweg sowie die Belchenhöfe. Nach 2 Std. 22 Min. Wanderzeit sind wir beim Böllner Eck, wo nach rechts ein Weg zu den Belchenhöfen abbiegt. Unsere Wanderung geht hier jedoch geradeaus abwärts über Bergwiesen und folgt weiterhin dem Wz. blauer Rhombus. Bei Weggabelungen folgt man dem Wz. blauer Rhombus und dem Wegweiser „Hau". – Oberhalb von Neuenweg kommen wir an einer sternförmigen Erdschanze vorbei, die Ende des 17. Jh. zur Zeit der spanischen Erbfolgekriege gegen die Franzosen angelegt wurde. – Nach 2 Std. 50 Min. Wanderzeit überqueren wir beim Punkt Hau (825 m) die Landstraße Badenweiler–Schönau und gehen auf der anderen Straßenseite durch die Wiesen aufwärts, Richtung „Zeiger" und „Zell" auf dem „Zeller Weg". Nach 2 Std. 55 Min. gabelt sich unser Weg. Wir wandern den Zeller Weg nach rechts, Richtung „Zeiger–Zell" mit wunderbaren Ausblicken. Nach 3 Std. 25 Min. sind wir beim Zeiger (906 m) angekommen, einer Wegkreuzung im Wald, wo wir auf die Rundwanderung Nr. 252 „Zwischen dem Großen und dem Kleinen Wiesental" stoßen. Vom Zeiger nach Bürchau gibt es zwei Varianten, die wir benutzen können:

Variante A (kürzerer Weg):

Wir gehen hier rechts abwärts, Richtung „Bürchau" und folgen zunächst dem Wz. blauer Balken. Der breite Waldweg führt abwärts in das Kleine Wiesental und macht nach 3 Std. 35 Min. eine starke Linkskurve, wo wir dem breiten Weg sowie dem Wz. schwarzer Balken weiterfolgen. Nach 3 Std. 45 Min. Wanderzeit kommen wir im Wald an eine Wegkreuzung (780 m) und gehen an dieser Stelle geradeaus weiter, dem Wz. schwarzer Balken folgend, und nicht dem breiten Holzabfuhrweg nach, der hier eine Rechtskurve macht. Nach 3 Std. 48 Min. kommen wir an den Waldrand und gehen jetzt rechts über die Wiesen abwärts, dem Wegweiser „Egertenrundweg" und dem Wz. schwarzer Balken nach. Nach 3 Std. 55 Min. gehen wir bei einer Gabelung in der Wiese geradeaus weiter Richtung „Wolfsbühl" und weiter dem Wz. schwarzer Balken nach, an einem kleinen Umsetzer und an zwei Wochenendhäusern vorbei. Nach 4 Std. Wanderzeit kommen wir auf ein asphaltiertes Sträßchen und gehen dieses rechts abwärts Richtung „Bürchau" (630 m), wo wir 5 Min. später ankommen (Kiosk).

Variante B (etwas längerer Weg und Einkehrmöglichkeit im Berggasthof-Hotel „Sonnhalde"):
Wir wandern beim Zeiger auf dem Höhenzugangsweg (Wz. blauer Rhombus) geradeaus weiter und kommen nach 9 Min. zu einer Weggabelung, wo wir nach links gehen und kurz danach bei der nächsten Weggabelung auf einen breiten Weg nach links abbiegen. Ab hier folgen wir dem Höhenzugangsweg (Wz. schwarzer Pfeil mit rotem Punkt) bis zur Hörnlebrunnenhütte, die wir nach 3 Std. 52 Min. Wanderzeit erreicht haben. Von dort macht der breite Weg eine steile Rechtskurve und wir folgen ihm abwärts Richtung Bürchau (Wz. „Sonnhalde"). Nach einiger Zeit kommen wir aus dem Wald heraus und sind nach 4 Std. 10 Min. Wanderzeit beim Berggasthof-Hotel „Sonnhalde" (angenehme Einkehr). Von dem Berggasthof bis zur Ortsmitte von Bürchau ist der Weg jetzt asphaltiert und in 1 Std. 3 Min. nach dem Zeiger haben wir die Ortsmitte erreicht.

Unsere Rundwanderung geht gegenüber der Bushaltestelle von Bürchau auf der anderen Talseite auf einem asphaltierten Sträßchen aufwärts, in Richtung „Grube–Jungholz–Spähnplatz" und folgt jetzt dem Wz. blauer Rhombus. Bei der Wanderzeit wird ab hier die **Variante A** zu Grunde gelegt. Bei Gabelungen folgen wir dem meistens steil ansteigenden Sträßchen geradeaus weiter sowie dem Wz. blauer Rhombus. Nach 15 Min. Anstieg (4 Std. 20 Min. Wanderzeit) sind wir in Ober-Bürchau (740 m) und verlassen 5 Min. später den kleinen Ort, indem wir geradeaus wandern, dem Wz. blauer Rhombus nach. Das asphaltierte Sträßchen führt durch Wiesen aufwärts zum Waldrand. Nach 4 Std. 30 Min. hört die Asphaltdecke auf, und wir gehen geradeaus in den Wald hinein, dem Wz. blauer Rhombus folgend. Direkt am Waldrand kommt wieder eine Gabelung, wo wir den rechten Weg nehmen, dem Wz. blauer Rhombus und dem Wegweiser „Jungholz" und „Grube" folgend. Nach 4 Std. 37 Min. kommen wir im Wald wieder an eine Weggabelung, und wir gehen geradeaus, dem Wz. blauer Rhombus nach, Richtung „Grube", wobei der Weg im Wald weiter kräftig ansteigt. Nach 4 Std. 45 Min. Wanderzeit geht es eben weiter, und gleich darauf kommen wir an ein asphaltiertes Sträßchen und sind beim Sattel Grube (895 m; Schutzhütte zum Unterstehen), wo wir auf die Rundwanderung Nr. 245 „Wanderung nach Kühlenbronn" treffen. Hier gehen wir geradeaus weiter dem Wz. blauer Rhombus nach, Richtung „Jungholz–Spähnplatz", wobei der jetzt nicht mehr asphaltierte Holzabfuhrweg im Wald leicht bergan geht. Bei Weggabelungen gehe man immer dem Wz. blauer Rhombus nach.

Nach einer Wanderzeit von 5 Std. 5 Min. sind wir am schönen Rastplatz „Jungholz" (990 m) angekommen, einem kleinen Sattel zwischen Schattann und Köhlgarten. – Hier treffen wir auf die Rundwanderung Nr. 223 „Von der Kälbelescheuer zum Nonnenmattweiher". – Unsere Rundwanderung geht auf dem breiten Holzabfuhrweg geradeaus weiter, dem Wz. blauer Rhombus folgend, Richtung „Spähnplatz". Bei Gabelungen folgen wir weiter dem Wz. blauer Rhombus durch wunderbare, einsame Wälder südlich des Köhlgartens. Nach 5 Std. 15 Min. kommen wir auf ein nicht asphaltiertes Sträßchen, das von Kühlenbronn links heraufzieht, wo wir uns rechts halten, dem Wz. blauer Rhombus folgend, ebenso bei weiteren Weggabelungen. Nach 5 Std. 40 Min. Wanderzeit kommen wir an eine Weggabelung (1091 m) mit einer Bank und gehen hier links abwärts, wieder dem Wz. blauer Rhombus nach, wobei wir entweder den Fußweg oder den breiteren Holzabfuhrweg benutzen können; wir erreichen auf beiden Wegen nach 5 Std. 50 Min. den Spähnplatz (1055 m). Hier kommen wir wieder auf den Höhenweg Pforzheim–Basel und gehen diesen nach rechts, Richtung „Haldenhof", dem Wz. roter Rhombus nach. Wir treffen hier auf die Rundwanderung Nr. 229 „Vom Kreuzweg über den Ritterhof zur Stockmatt". Nach 6 Std. Wanderzeit überqueren wir einen breiten Holzabfuhrweg und wandern auf einem schmalen Waldpfad eben weiter, dem Wz. roter Rhombus folgend, dem wir auch bei einer weiteren Kreuzung und bei einer Weggabelung nachwandern. Nach einer Wanderzeit von 6 Std. 10 Min. sind wir am Kreuzweg angekommen, dem höchsten Punkt der Landstraße Badenweiler–Schönau (1079 m), und erblicken wieder den Belchen.

Wir überqueren die Landstraße und folgen auf der anderen Straßenseite auf einem schönen Wiesenpfad dem Wz. roter Rhombus Richtung „Haldenhof". Nach 5 Min. Gehzeit ab Kreuzweg kommen wir an den Waldrand und gehen auf einem schmalen Pfad im Wald abwärts, weiter dem Wz.

roter Rhombus nach. Kurz nach dem Waldeintritt biegen wir im scharfen, spitzen Winkel nach rechts ab (Wz. roter Rhombus), überqueren nach 6 Std. 20 Min. einen breiteren Weg und gehen geradeaus auf dem schmalen Pfad im Wald abwärts. Kurz danach kommen wir wieder auf die asphaltierte Landstraße, wandern diese 50 m abwärts und biegen dann links ab auf einen Wiesenweg Richtung „Haldenhof", den wir nach 6 Std. 30 Min. Wanderzeit wieder erreicht haben. – Der Gasthof „Haldenhof" wird auch von der Wanderung Nr. 195 „Vom Münstertal auf den Weiherkopf" berührt. –

Gehzeit und Steigung:
Reine Gehzeit: 6 Std. 30 Min. (26 km)
Höhendifferenz: 1160 m

Abkürzungen:
a) Von der Richtstatt (35 Min. ab „Haldenhof") folgt man dem Wegweiser „Neuenweg–Eck" bis zum Eck, oberhalb von Neuenweg, dann geht man rechts abwärts nach Vorderheubronn und von dort gut bezeichnet zum Nonnenmattweiher (Einkehrmöglichkeit) aufsteigend. Vom Nonnenmattweiher zum „Haldenhof" siehe Wanderung Nr. 223.
Gehzeit: 2 Std. (8 km)
Höhendifferenz: 370 m
b) Vom Böllner Eck, 37 Min. nach dem Hotel „Belchenhaus", biegt man nach rechts ab, über die Belchenhöfe und den Panoramaweg zum Eck, oberhalb von Neuenweg. Ab dort siehe **Variante A**.
Gehzeit: 4 Std. 15 Min. (17 km)
Höhendifferenz: 760 m

Einkehrmöglichkeiten:
Unterwegs: Auf dem **Belchen** Hotel „Belchenhaus" (an schönen Wochenenden oft sehr voll; montags Ruhetag; Betriebsferien im Dezember; Tel. 07673/281). In **Bürchau:** Ein Kiosk. Ferner Berggasthof-Hotel „Sonnhalde" (20 Min. Umweg – siehe **Variante B**; montags und dienstags Ruhetag; Betriebsferien von Mitte November bis kurz vor Weihnachten und im Februar/März; Tel. 07629/260). Am **Ausgangspunkt** der Wanderung Gasthof „Haldenhof" (dienstags Ruhetag; Betriebsferien Mitte November bis Neujahr; Tel. 07673/284).

Empfohlene Wanderkarten und Literatur:
1. Atlasco-Wanderkarten 1:30.000, Nr. 217 oder 222
2. Kompass-Wanderkarten 1:30.000, Nr. 890 **und** 891
   (Man benötigt für diese Wanderung **beide** Karten)
3. Schwarzwaldvereinskarte 1:50.000,
   Blatt 8 (Belchen–Wiesental)
4. Natur und Naturschutz: „Der Belchen", Vertrieb: Waldkircher Verlag, 79183 Waldkirch

Vom Eichener See zur Schweigmatt und nach Schlechtbach

Eine verhältnismäßig lange, etwas mehr als 6½-stündige, aber sehr schöne, aussichtsreiche Rundwanderung vom Dinkelberg auf die Höhen bei Gersbach. Wem die Wanderung zu weit ist, kann sie in zwei Teilen durchführen:
a) Vom Eichener See nach Hasel und zurück und
b) Von Hasel zur Schweigmatt und Schlechtbach und dann wieder nach Hasel (Siehe **Abkürzungen**).

Besonders schön ist die Wanderung im Frühjahr und Frühsommer, wenn die Obstbäume und die Wiesenblumen blühen, sowie im Herbst, wenn sich das Laub färbt und man meistens eine prachtvolle Alpensicht hat. Für 1½ Stunden führt die Wanderung über asphaltierte Sträßchen, sonst über nicht asphaltierte Wirtschaftswege oder Fußpfade. Die Wanderung führt uns zu zwei Naturwundern: Dem Eichener See und der Haseler Tropfsteinhöhle (Erdmannshöhle). Die Wanderung kann zu jeder Jahreszeit empfohlen werden, solange kein Schnee liegt.

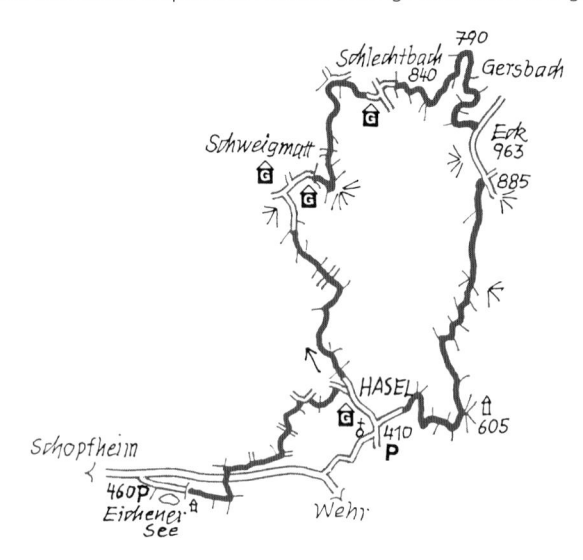

Zufahrt:
Die Autobahn Karlsruhe–Basel (A 5) verlässt man beim Autobahndreieck Weil und fährt Richtung „Lörrach, Rheinfelden" (A 98). 6,5 km nach dem Autobahndreieck Weil verlassen wir die Autobahn A 98 und fahren Richtung „Schopfheim" auf der B 317. 21 km nach dem Autobahndreieck Weil verlassen wir die B 317 und fahren Richtung „Wehr" auf der B 518. Nach weiteren 1,7 km, nach dem Dorf Eichen, biegen wir rechts ab auf ein kleines, asphaltiertes Sträßchen Richtung „Eichener See". **Achtung!** Der Wegweiser ist sehr klein. Nach 300 m kommen wir zu einem kleinen, in Wiesen und Feldern gelegenen Parkplatz, wo unsere Wanderung beginnt.

Anfahrt mit öffentlichem Verkehrsmittel:
Bus: Linie 7335 (SBG), Bad Säckingen–Wehr–Schopfheim
   Haltestelle Hasel, Rathaus.
   Man beginnt dann die Wanderung in Hasel.

Wanderung:

Min. Wir wandern vom Parkplatz (460 m) auf dem asphaltierten Sträßchen (Seeweg) nach Osten und folgen dem Wz. des Hotzenwald-Querweges (weißschwarzer Rhombus im gelben Feld), an einem Fahrverbotsschild vorbei. Nach 3 Min. wandern wir bei einer Weggabelung auf dem asphaltierten Weg nach links weiter dem Wz. des Querweges nach. Nach 5 Min. sind wir am Rande des Eichener Sees (470 m) und finden hier eine Informationstafel über das „Naturdenkmal Eichener See". – Dieser ist ein trockenes Becken (Doline) mit einer Länge von 220 m und einer Breite von 100 m, das sich nach der Schneeschmelze und auch nach längeren Regenfällen mit Wasser füllt und bis zu 3 m tief werden kann. Der unterirdische Zu- und Abfluss ist nicht bekannt. Ein mit Platten belegter Weg führt rings um den Eichener See, in dessen Mitte ein Pegel mit Höhenangaben steht. – Nach 8-minütiger Wanderung kommen wir nahe einer Unterstehhütte mit Vesperplatz zu einer Weggabelung, wandern hier vom Eichener Seeweg nach links und folgen weiterhin dem Wz. des Querweges, der jetzt nicht mehr asphaltiert ist und in einen Mischwald führt. Bei Weggabe-

17 lungen im Wald folgen wir immer dem Wz. Nach <u>17 Min.</u> stoßen wir bei einer Wegkreuzung auf den Westweg Pforzheim–Basel (östliche Variante; Wz. roter Rhombus) und folgen ab hier dem gut markierten Westweg bis zur Schweigmatt sowie dem Wz. des Querweges bis Hasel. Wir wandern einen breiten Wirtschaftsweg links abwärts zur nahen Bundesstraße und überqueren diese **vorsichtig**. Wir gehen nach dem Übergang einen kleinen Fußpfad abwärts den Wz. nach und finden gleich darauf einen breiten Wirtschaftsweg, den wir nach rechts wandern den beiden Wz. folgend. Nach 22 Min. kommen wir aus dem Wald heraus und haben jetzt nach links einen schönen Blick zur Hohen

Eichener See

Möhr und zu den Häusern von Schweigmatt. 3 Min. später gehen wir bei einer Wegkreuzung auf einem asphaltierten Weg 50 m nach links und dann wieder nach rechts am Waldrand entlang, deutlich markiert. Der schöne Weg, der über Wiesen und Felder führt, ist teilweise mit Gras bewachsen. Nach 32 Min. wandern wir bei einer Weggabelung auf einem asphaltierten Weg geradeaus abwärts, den Wz. folgend. **Achtung!** 50 m danach, bei der nächsten Weggabelung, verlassen wir den asphaltierten Weg und gehen auf einem schmalen, grasbewachsenen Weg nach links, steil abwärts. Nach 38 Min. Wanderzeit überqueren wir einen asphaltierten Weg und gehen geradeaus weiter. 5 Min. später kommen wir auf der Höhe zu einer Wegkreuzung und gehen jetzt nach links, gut markiert. Unten im Tal sehen wir bereits die Häuser von Hasel. Bei der nächsten Weggabelung, 3 Min. danach, gehen wir nach rechts, an zwei Geräteschuppen vorbei. Nach 50 Min. kommen wir zu einer asphaltierten Straße und gehen diese rechts abwärts. Nach 50 m verlassen wir wieder die asphaltierte Straße und gehen rechts auf einem grasbewachsenen Pfad in das Tal hinab, gut markiert. Kurz danach überqueren wir im Tal den Schammernbach und gehen auf der anderen Talseite bergan zu den ersten Häusern von Hasel, die wir nach 54 Min. bei einer asphaltierten Straße erreicht haben, die wir geradeaus weiterwandern. Rechts liegt das Café-Restaurant „Stülzer-Bühl" (Einkehrmöglichkeit). <u>1 Min. nach dem Ortsanfang</u> verlassen wir den Hotzenwald-Querweg bei einem Brunnen (430 m) und gehen hier den Westweg nach links Richtung „Hohe Möhr", ab jetzt nur noch dem Wz. roter Rhombus folgend.

Nach 58 Min. kommen wir am letzten Haus von Hasel vorbei; ab hier ist der Weg, der jetzt aufwärts führt, nicht mehr asphaltiert. Nach 1-stündiger Wanderung wandern wir bei einer Wegkreuzung an der Waldecke (450 m) halb links den Rötweg aufwärts, dem Wz. roter Rhombus nach. **Achtung!** Nach 1 Std. 6 Min. gehen wir bei einer Wegkreuzung nach links zunächst leicht abwärts, dann eben, auf dem Unteren Wetschbergweg. Nach 1 Std. 22 Min. überqueren wir wieder den Schammernbach (530 m) und gehen gleich nach dem Bach von dem breiten Weg rechts aufwärts auf einem schmalen Pfad am Bach entlang dem Wz. nach. **Achtung!** 3 Min. später verlassen wir das Tälchen und gehen links im spitzen Winkel einen Fußpfad in Serpentinen aufwärts dem Wz. nach. Nach knapp 1½-stündiger <u>Wanderung</u> überqueren wir die Landstraße Schopfheim–Gersbach (560 m) und gehen auf der anderen Straßenseite auf dem Fußpfad weiter aufwärts Richtung „Schweigmatt" dem Wz. nach. 1 Min. später überqueren wir einen landwirtschaftlichen Weg und gehen auf dem Fußpfad weiter, zunächst steil aufwärts Richtung „Hohe Möhr". Bei Weggabelungen folgen wir immer der Markierung. Nach 1 Std. 44 Min. kommen wir aus dem Wald heraus und der schöne Weg führt jetzt über Wiesen leicht bergan. Links unter uns sehen wir den Dinkelberg und Schopfheim. Nach 1 Std. 47 Min. kommen wir zu den ersten

Häusern (670 m) von Schweigmatt; ab hier ist die Straße leider asphaltiert. Es geht an der Pension „Alpenblick" (Ferienwohnungen) und anschließend an einem Reiterhof („Tannenhof") vorbei. Gleich danach kommen wir nach 1 Std. 51 Min. zu der Kreisstraße, die nach Schweigmatt führt, und gehen der Straße entlang auf einem asphaltierten Fußweg nach rechts weiter. 2 Min. später verlassen wir die Kreisstraße und gehen nach links auf einem asphaltierten, aussichtsreichen Weg zum Café-Restaurant „Zum Hutzelwieb", dem Wz. des Westweges folgend. Man sieht jetzt Wehr, das Hochrheintal sowie das Wiesental, die Juraberge und bei guter Fernsicht die Alpen. Nach <u>2-stündiger Wanderung</u> haben wir die Ortsmitte von Schweigmatt (723 m) beim Café-Restaurant „Zum Hutzelwieb" (Einkehrmöglichkeit) erreicht. Hier treffen wir auf die beschriebene Rundwanderung Nr. 250 „Zwischen Wiesen- und Wehratal".

Unsere Wanderung verlässt den Westweg Pforzheim–Basel bei dem Café-Restaurant und verläuft jetzt Richtung „Schlechtbach" (Wz. grüner Punkt). Wenige Schritte nach dem Restaurant gabelt sich der Weg und wir nehmen den rechten Weg „Rundweg um den Gleichen". Rechts unter uns ist das Schwimmbad von Schweigmatt, davor ein großer Wanderparkplatz. Nach 2 Std. 6 Min. geht es an der Pension „Waldhaus" (735 m; Einkehrmöglichkeit) vorbei, wo auch ein erfrischender Brunnen zu finden ist. Gleich nach der Pension gabelt sich der Weg; wir nehmen hier den linken, nicht asphaltierten Weg und wandern diesen Richtung „Schlechtbach" (Wz. grüner Punkt). Der breite Weg führt am Waldrand entlang mit prachtvollen Ausblicken nach Südwesten. **Achtung!** 3 Min. später gehen wir bei einer Weggabelung geradeaus Richtung „Schlechtbach", dem Wz. grüner Punkt nach. Nach 2 Std. 11 Min. halten wir uns bei einer Weggabelung links und gehen am Waldrand weiter aufwärts mit besonders schönem Ausblick. **Achtung!** Nach 2 Std. 16 Min. führt unser Weg in den Wald hinein und hier teilt sich der Weg. Wir nehmen den linken Weg (Wz. grüner Punkt), der aufwärts führt. Kurz danach bei der nächsten Weggabelung gehen wir nach rechts immer dem Wz. nach. **Achtung!** Nach 2 Std. 20 Min. gehen wir im Wald bei einer Wegkreuzung auf einem schmalen Fußweg nach rechts Richtung „Schlechtbach", dem Wz. grüner Punkt nach. Nach 2 Std. 26 Min. kommen wir auf einen breiteren Wirtschaftsweg und gehen diesen nach links zunächst leicht aufwärts, dann eben.

Nach <u>2 Std. 38 Min.</u> kommen wir zu dem Bergpass Sandwürfe (827 m) und stoßen hier auf das Sträßchen, das nach Zell hinabführt, sowie auch wieder auf den Westweg Pforzheim–Basel. Wir gehen hier 50 m auf der asphaltierten Straße nach rechts, dann auf einem breiten, nicht asphaltierten Weg wieder nach rechts, den Wz. grüner Punkt und roter Rhombus nach, leicht bergan. Bei weiteren Weggabelungen folgen wir den beiden Wz. Nach 2 Std. 45 Min. kommen wir aus dem Wald heraus und sind gleich darauf bei den ersten Häusern von Schlechtbach; ab hier ist der

Schopfheim im Wiesental

Weg asphaltiert. Links erblickt man die Höhen oberhalb von Gersbach (Rohrenkopf und Dietenschwanderkopf). Das zweite Haus von Schlechtbach, an dem wir vorbeiwandern, ist das Gasthaus „Blume" (850 m; Einkehrmöglichkeit). Vom Gasthaus „Blume" gehen wir auf dem asphaltierten Weg weiter geradeaus und kommen kurz danach zu einer
15 Weggabelung, wo wir nach links gehen. Nach 2 Std. 53 Min. überqueren wir die Landstraße Schopfheim–Gersbach. Gleich nach der Landstraße gehen wir rechts abwärts Richtung „Stegmühle" auf einem asphaltierten Weg durch ein sehr schönes Wiesental. – Von dem asphaltierten Weg kann man als Variante einen ebenen Weg nach links nehmen Richtung „Gersbach", der über die Waldwiesen führt und nach 3 Std. 21 Min. im Lohbachtal wieder auf die unten beschriebene Rundwanderung stößt. – Unsere Rundwanderung führt auf dem asphaltierten Weg geradeaus abwärts. 1 Min. später hört die Asphaltdecke auf und wir gehen geradeaus weiter abwärts auf dem jetzt grasbewachsenen Weg. 4 Min. später kommen wir auf einen breiteren Weg und gehen diesen links abwärts in den Wald hinein unterhalb des Skiliftes von Schlechtbach (Wz. roter Punkt, schwarzer Stern in weißem und gelbem Feld). Bei Weggabelungen im Wald folgen wir zunächst diesen zwei Wz. **Achtung!** Nach 3 Std. 5 Min. kommen wir zu einem breiten Wirtschaftsweg (740 m). Hier verlassen wir den gut markierten Weg, der zur Stegmühle abwärts führt, und gehen im spitzen Winkel nach links eben auf dem breiten Wirtschaftsweg (**ohne** Wz.). Bei Weggabelungen bleiben wir immer auf dem breiten Weg. Nach 3 Std. 18 Min. überqueren wir den Lohbach im obersten Teil des Tales (790 m), kommen gleich darauf zum Talweg und gehen diesen links aufwärts den Wz. roter Punkt und schwarzer Stern nach. 3 Min. später kommen wir aus dem Wald heraus und gehen am Waldrand weiter aufwärts am Bach entlang
33 Richtung „Gersbach". Nach 3 Std. 26 Min. sind wir beim Waldrand bei einer Weggabelung (830 m), nicht weit von Gersbach, das wir aber nicht sehen können, und gehen hier nach rechts eben auf dem Glaserbergweg (**kein** Wz.).

Hohe Möhr

Der Weg führt zunächst am Waldrand eben weiter, später durch einen sehr schönen Mischwald. Nach 3 Std. 32 Min. gehen wir bei einer Weggabelung auf dem breiten Weg geradeaus weiter, leicht abwärts. Bei weiteren Weggabelungen bleiben wir zunächst immer auf dem breiten Weg. **Achtung!** Nach 3 Std. 45 Min. gehen wir bei einer Wegkreuzung **links** steil aufwärts (**kein** Wz.) und verlassen hier den breiten Weg, der eben weiterführt. 5 Min. später kommen wir aus dem Wald heraus und wandern über eine prachtvolle Bergwiese weiter aufwärts, nicht mehr so steil, unterhalb des Berges Eck (963 m). Nach 3 Std. 55 Min. haben wir in der wunderbaren Bergwiese einen asphaltierten Weg (880 m) erreicht und wandern diesen nach rechts eben weiter (**kein** Wz. bzw. Wegweiser). Wir haben jetzt eine bemerkenswert schöne Aussicht, insbesondere nach rechts nach Schlechtbach und zur Hohen Möhr sowie geradeaus zum Dinkelberg, in das Wiesental, in die Rheinebene und zum Schweizer Jura. Bei Weggabelungen bleiben wir immer auf dem asphaltierten Weg und gehen diesen geradeaus, meistens eben, manchmal auch leicht bergauf. Nach 4 Std. 8 Min. sind wir bei dem Bergsattel und der Wegkreuzung „Hohle Eiche" (885 m), wo eine uralte Eiche steht, die innen ausgehöhlt ist, und finden hier eine Informationstafel mit Wandervorschlägen und eine schöne Sitzgruppe. Auf der anderen Seite des Wehratales sehen wir die Berge des Hotzenwaldes.

Hier wandern wir nach rechts und nach 50 m bei der nächsten Weggabelung wieder nach rechts auf einem nicht asphaltierten Weg, dem Wz. blauer Rhombus mit weißem Balken folgend. Der sehr schöne Weg führt fast eben am Waldrand entlang mit schönen Ausblicken nach Süden und Südosten. **Achtung!** 3 Min. nach der Hohlen Eiche gehen wir von dem breiten Weg links ab dem Wz. blauer Rhombus mit weißem Balken folgend, eben am Waldrand entlang. Der Weg führt eben durch einen sehr schönen Mischwald, später leicht abwärts. Nach 4 Std. 23 Min. kommen wir im Wald bei einem Bergsattel zu einer Wegkreuzung und gehen hier halb links abwärts, dem Wz. blauer Rhombus mit weißem Balken nach Richtung „Wehr". Bald kommen wir wieder an den Waldrand (800 m) und haben

Schlechtbach

einen sehr schönen Blick ins Wehratal hinab und zum Hochrheintal. Unter uns sehen wir die Höfe von Mettlen, auf der anderen Talseite die Häuser von Hornberg. Geradeaus sehen wir zum Schweizer Jura und bei guter Fernsicht haben wir einen prachtvollen Blick zu den Alpen. Wir folgen weiterhin am Waldrand dem Wz. blauer Rhombus mit weißem Balken, an wunderschönen Bergwiesen vorbei. **Achtung!** Nach 4 Std. 33 Min. verlassen wir den Waldrand und gehen auf einem breiten Wirtschaftsweg im Wald abwärts. Nach kurzer Zeit finden wir auch das Wz. blauer Rhombus mit weißem Balken. Bei einer Weggabelung, nach 4 Std. 43 Min., gehen wir weiter geradeaus stetig abwärts durch schönen Mischwald auf dem Haseler Grenzweg. Nach knapp 5-stündiger Wanderung mündet von links ein größerer Weg auf unsere Route und wir gehen hier geradeaus weiter abwärts dem Wz. folgend. Nach 5 Std. 4 Min. sind wir bei der Wolfristhütte (605 m; Unterstehmöglichkeit). Wir wandern auf dem breiten Weg um die Hütte rechts herum und gehen auf diesem Weg weiter abwärts (kein Wz.). 3 Min. nach der Hütte verlassen wir bei einer Weggabelung den Weg, der nach Wehr führt, und der mit dem Wz. blauer Rhombus mit weißem Balken markiert ist, und gehen hier auf dem Schlierbachweg rechts abwärts Richtung „Hasel". Bei Weggabelungen bleiben wir immer auf dem breiten Weg, der durch Mischwald abwärts führt. Nach 5 Std. 20 Min., bei einer Weggabelung, gehen wir weiter geradeaus abwärts, an einem kleinen Waldteich vorbei. 5 Min. später sind wir beim ersten Haus von Hasel und wandern an einer Schranke vorbei auf der asphaltierten Mittelbergstraße Richtung Ortsmitte.

Wir haben einen schönen Blick auf das Dorf und gehen bei Straßengabelungen immer auf der Mittelbergstraße abwärts, bis wir 7 Min. nach dem ersten Haus im Tal den Bach Hasel (410 m) überqueren und unweit der Kirche und des Gasthauses „Pflug" (Einkehrmöglichkeit) zur Hauptstraße kommen. – Falls wir unsere Wanderung in Hasel begonnen haben, gehen wir die Hauptstraße links abwärts und kommen nach 500 m zum Parkplatz vor der Erdmannshöhle. – Unsere Rundwanderung führt jedoch die Hauptstraße rechts aufwärts am Gasthaus „Kronenkeller" (Einkehrmöglichkeit) vorbei. Nach 5 Std. 40 Min. verlassen wir die Hauptstraße, gehen den Schweigmattweg nach links aufwärts und haben 5 Min. später das Café „Stülzer-Bühl" erreicht, wo wir wieder auf den Westweg stoßen, auf dem wir am Anfang unserer Wanderung nach Hasel hergewandert sind. Der letzte Teil unserer Rundwanderung verläuft wieder auf dem Hotzenwald-Querweg und zunächst auch auf dem Westweg auf derselben Strecke zu unserem Parkplatz zurück, die wir hergewandert sind. Nach 6 Std. 40 Min. haben wir wieder den Parkplatz am Ausgangspunkt der Wanderung erreicht.

Gehzeit und Steigung:
Reine Gehzeit: 6 Std. 40 Min. (30 km)
Höhendifferenz: 870 m

Abkürzungen:
Die Wanderung kann bequem in zwei Hälften durchgeführt werden, indem man zuerst die Wanderung vom Eichener See nach Hasel durchführt und von dort wieder zurückwandert.
a) Man wandert vom Parkplatz beim Eichener See, wie beschrieben, bis zum Ortseingang Hasel beim Café-Restaurant „Stülzer-Bühl". – Bei Interesse kann man durch das Dorf wandern an der Kirche vorbei bis zum Eingang der Erdmannshöhle (15 Min.). – Man wandert dann wieder auf demselben Weg zum Parkplatz zurück.
Gehzeit (bis Ortsanfang Hasel und zurück):
1 Std. 50 Min. (8 km)
Höhendifferenz: 160 m
b) Der zweite Teil der Wanderung beginnt und endet in Hasel. In diesem Fall fahren wir von Schopfheim (Abzweigung von der B 317) auf der B 518 8 km Richtung „Wehr" und biegen dann nach Hasel ab. Wir fahren zur Ortsmitte bei der Kirche und dann nach rechts Richtung „Erdmannshöhle", vor deren Eingang ein großer Parkplatz ist, wo die Wanderung begonnen werden kann. Diese führt an der Kirche vorbei und dann auf der Hauptstraße und dem Schweigmattweg zum Café „Stülzer-Bühl", wo man auf die beschriebene Rundwanderung stößt.
Gehzeit: 5 Std. 5 Min. (23 km)
Höhendifferenz: 710 m

Tropfsteinhöhle Erdmannshöhle:
Im unteren Teil des Dorfes Hasel, 15 Min. von der beschriebenen Rundwanderung entfernt, liegt der Eingang zu der 15 km langen Tropfsteinhöhle, von der nur eine beleuchtete Strecke von 560 m zur Besichtigung freigegeben ist. Führungen von Karfreitag bis 1. November; im Winter geschlossen; man informiere sich über die Öffnungszeiten telefonisch: 0 77 62/93 07.

Einkehrmöglichkeiten:
Unterwegs: In **Schweigmatt** Gasthaus „Zum Hutzelwieb" (montags und dienstags Ruhetag; geöffnet mittwochs bis samstags 12.00 bis 24.00 Uhr, sonntags 10.00 bis 24.00 Uhr;

im Juli und August keine Ruhetage; keine Betriebsferien; Tel. 07622/3487). Pension „Waldhaus" (nur Kuchen und Vesper; freitags Ruhetag; Betriebsferien im November; Tel. 07622/8360). In **Schlechtbach** Gasthaus „Blume" (montags und freitags Ruhetag; keine Betriebsferien; Tel. 07620/226). In **Hasel** sind mehrere Gaststätten; direkt an unserer Wanderroute, beim Rathaus, Gasthaus-Pizzeria „Pflug" (donnerstags Ruhetag; Betriebsferien nicht festgelegt; Tel. 07762/809060) und Café-Restaurant „Kronenkeller" an der Hauptstraße (montags Ruhetag; Betriebsferien im Juni; Tel. 07762/1602). Ferner das Café-Restaurant „Stülzer-Bühl" (montags Ruhetag; Betriebsferien nicht festgelegt; Tel. 07762/9703). Etwas von der Wanderroute entfernt befindet sich in **Hasel** der empfehlenswerte Landgasthof „Erdmannshöhle" (**nicht direkt bei der Höhle!** Kein Ruhetag; Betriebsferien nicht festgelegt; Tel. 07762/52180). Unweit des Parkplatzes bei der Erdmannshöhle Gasthaus „Hirschstüble" (montags ab 15.00 Uhr und dienstags Ruhetag; Betriebsferien 3 Wochen im Januar; Tel. 07762/9775).

Empfohlene Wanderkarten:
1. Atlasco-Wanderkarten 1:30.000, Nr. 241 oder 243
2. Kompass-Wanderkarte 1:30.000, Nr. 897
3. Schwarzwaldvereinskarte 1:50.000,
   Blatt 8 (Belchen–Wiesental)

Auf alpinem Steig durch die Bannwälder des Wehratales

Eine gut 5-stündige, etwas anstrengende, aber sehr schöne Rundwanderung rechts und links der unteren Wehra. Besonders empfehlenswert ist sie im Herbst zur Zeit der Laubfärbung und der Alpensicht, oder aber auch im Frühjahr, wenn das frische Grün der Buchen erscheint. Aussicht hat man nur an wenigen Stellen, jedoch besonders prachtvoll bei Hornberg. Wegen des alpinen Steiges ist es unbedingt notwendig, feste Bergschuhe zu tragen. Der Weg ist ungefährlich, jedoch sollte man nach längerem Regen, wenn der Weg feucht ist, oder bei Schnee, von der Wanderung Abstand nehmen, da dann der schmale Fußpfad zu glitschig ist. Die Höhendifferenz der gesamten Wanderung beträgt über 900 m, weshalb an heißen Sommertagen die Wanderung möglichst früh begonnen werden sollte. Außer 32 Minuten, wo die Wanderung bei Hornberg über asphaltierte Sträßchen verläuft, geht sie ausschließlich über nicht asphaltierte, schöne und angenehme Fußpfade oder Holzabfuhrwege. Die empfehlenswerte und interessante Wanderung führt durch ein selten begangenes Gebiet im romantischen Wehratal.

Zufahrt:

Von der Autobahn Karlsruhe–Basel (A 5) zweigt man vom Autobahndreieck Weil ab Richtung „Lörrach" und verlässt 7 km danach die Autobahn Weil–Rheinfelden (A 98) bei der Ausfahrt „Lörrach-Schopfheim". Man fährt auf der B 317 durch das Wiesental bis kurz vor Schopfheim und biegt dort rechts ab auf die B 518 Richtung „Wehr". Bei der Ortseinfahrt von Wehr biegt man links ab Richtung „Todtmoos", in die Friedrichstraße, kommt kurz danach auf die Todtmooserstraße und fährt diese nach links Richtung „Todtmoos". Nach 31 km ab

Autobahndreieck Weil sind wir bei der Staumauer des Wehrastausees und parken auf der anderen Straßenseite, wo wir ausreichend Parkmöglichkeit finden.

🚌 Anfahrt mit öffentlichem Verkehrsmittel:
Bus: Linie 7320 (SBG), St. Blasien–Wehr
   Haltestelle Hornberger Weg Kraftwerk
   Linie 7335 (SBG), Bad Säckingen–Schopfheim
   Haltestelle Wehr Bahnhof
   (Entfernung bis zum Ausgangspunkt: 45 Min. Gehzeit)

🥾 Wanderung:

Min. Wir wandern über die Staumauer (420 m; Informationstafel über das Hornberg- und Wehrabecken) auf dem Wehratalweg Richtung „Wehrabrücke–Todtmoos" (Wz. roter Balken im weißen Feld) und zunächst auch auf dem Hotzenwaldquerweg Waldshut–Schopfheim. Wir genießen einen schönen Blick auf das Wehrabecken, das von schönen Bergwäldern umgrenzt ist, sowie auch auf Wehr und zum Dinkelberg. Nach wenigen Min. haben wir die Staumauer überquert und gehen jetzt auf einem breiten Weg durch Laubwald rechts am Becken entlang, gut markiert durch das Wz. Nach 5 Min. haben wir von einer Bank einen schönen Blick auf das Staubecken und erblicken darüber
7 die Ruine Bärenfels. Nach 7 Min. gehen wir nach rechts auf einem breiten Weg durch Laubwald aufwärts, deutlich markiert durch das Wz. roter Balken, mit schönen Ausblicken auf das Wasserbecken und zur Ruine Bärenfels. Nach 20 Min. Wanderzeit kommen wir an eine größere Weggabelung, verlassen hier den Hotzenwaldquerweg und gehen geradeaus auf dem breiten Jockisebenweg eben weiter Richtung „Todtmoos", gut markiert durch das Wz. Bei Weggabelungen bleiben wir auf dem breiten Weg und gehen immer eben geradeaus, mit schönen Ausblicken in das dicht von Bäumen bestandene Wehratal und hören tief unter uns die Wehra rauschen. Der Weg führt am Osthang
34 des Berges Wolfrist entlang. Nach 41 Min. Wanderzeit hört der breite Weg bei einem Wendeplatz auf. Hier gehen wir

Wehrabecken

links auf einem schmalen Fußpfad aufwärts Richtung „Steinbrücke, Wehratal". Der schmale Pfad führt durch Mischwald bergan. Nach 46 Min. kommen wir auf den breiten Nassergrabenweg, den wir rechts abwärts gehen, gut markiert durch das Wz. roter Balken. Nach gut 100 m verlassen wir schon wieder den breiten Holzabfuhrweg und gehen links über Treppenstufen durch einen sehr interessanten Mischwald aufwärts auf einem schmalen Pfad, wieder deutlich markiert durch unser Wz.

Nach knapp <u>1-stündiger Wanderung</u> führt ein Holzsteg über einen munteren Bergbach, den Mettlengraben (570 m), der steil in die Tiefe fließt, und wir betreten jetzt den Bannwald, der hier Naturschutzgebiet ist. Es geht an einer kleinen Felsgruppe vorbei bergan. Der Weg ist jedoch sicher und ungefährlich; man muss jedoch ab hier gut darauf achten, wohin man seine Füße setzt. Unser schmaler Pfad durch den Bannwald ist hier besonders schön. Die Bäume werden hier nicht geschlagen, sondern sie vermodern, wenn sie zu alt sind. Nach 1 Std. 7 Min. führt der Pfad auf einem Holzsteg über einen besonders romantischen Bach, den Neumettlengraben, umrahmt von großen Felsbrocken; danach geht es ziemlich steil bergan. Bald führt der Pfad wieder eben weiter durch schönen Buchenwald durch das Gebiet der Mettlerhalde. Nach 1 Std. 14 Min. kommen wir auf einen etwas breiteren Weg und gehen diesen rechts abwärts. Bald wird der Pfad jedoch wieder sehr schmal und geht etwas bergauf. Nach <u>1 Std. 25 Min.</u> treffen wir auf einen anderen schmalen Weg (700 m) und gehen diesen rechts abwärts, gut markiert durch das Wz. roter Balken. – Der Weg von links, mit einem blauen Pfeil bezeichnet, kommt von den Mettlenhöfen, die zu Gersbach gehören. – Der Pfad, der jetzt nicht mehr so alpin ist, geht meistens bergab oder eben durch schönen Mischwald, an großen Felsklötzen vorbei. Jetzt wird der Pfad allmählich wieder steiler und alpiner und geht teilweise über Treppenstufen abwärts. Nach 1 Std. 35 Min. führt wieder ein Fußsteg über einen munteren Bach, den Heiterspanbach, der von vielen Felsstücken romantisch eingerahmt ist. Es geht weiter auf dem schmalen, alpinen Pfad, der kurze Zeit noch einmal leicht bergan führt. Immer wieder haben wir Blicke auf die ebenso steile andere Seite des Wehratales, über die später unsere Rückwanderung erfolgt. Nach <u>1 Std. 38 Min.</u> verlassen wir den Bannwald (Naturschutzgebiet) und unser Pfad führt jetzt gemächlicher abwärts durch Mischwald. Nach 1 Std. 50 Min. kommen wir auf einen breiteren Weg und gehen diesen nach rechts abwärts, gut markiert durch unser Wz., Richtung „Wehratal". Nach knapp <u>2-stündiger Wanderung</u> überqueren wir im Wehratal die Straße Todtmoos–Wehr und anschließend die schäumende Wehra (550 m) auf einer alten Steinbrücke.

Von der Steinbrücke gehen wir jetzt das Seitental geradeaus steil aufwärts und folgen zunächst noch dem Wz. roter Balken. Der Anblick des romantischen Baches, an dem wir aufwärts entlangsteigen, entschädigt uns etwas für die

romantisches Wehratal

16 Anstrengungen dieses steilen Aufstieges. Nach 2 Std. 16 Min. verlassen wir bei einer Wegkreuzung den Wehratalweg (Wz. roter Balken), der nach Todtmoos-Au führt, und gehen hier geradeaus das Tal weiter aufwärts auf einem breiten Holzabfuhrweg (ohne Wz.), an einem kleinen Kruzifix vorbei. Kurz darauf, nach 2 Std. 19 Min., macht unser breiter Holzabfuhrweg eine starke Rechtskehre (704 m), um das Tälchen zu verlassen, und wir folgen weiter dem breiten Mittleren Ehwaldweg. Auf der anderen Talseite des Wehratales sehen wir die Häuser von Gersbach. Der breite, angenehme Weg führt jetzt weniger steil durch Mischwald aufwärts,

17 an interessanten Felsgruppen vorbei. Nach 2 Std. 33 Min. kommen wir an eine Wegkreuzung und gehen hier geradeaus weiter bergan (ohne Wz.). Nach 2 Std. 39 Min. stoßen wir auf einen breiten Wirtschaftsweg. – Wir können hier unsere Wanderung abkürzen, indem wir geradeaus auf dem Ehwaldweg durch den Bannwald auf der linken Wehratalseite Richtung „Wehr" wandern, an der Felsenhütte vorbei (siehe **Abkürzungen**). – Unsere Wanderung geht hier jedoch im spitzen Winkel nach links und wir sind

6 nach wenigen Metern bei der Ehwaldhütte (776 m), unter deren Vordach man unterstehen kann; davor steht ein Brunnen mit Tisch und Bänken zum Rasten. Hier stoßen wir auf die Rundwanderung Nr. 263 „Über dem Wehratal". Bei der Hütte verlassen wir den breiten Ehwaldweg und gehen auf einem schmalen Pfad rechts kräftig aufwärts Richtung „Hornberg", gut markiert durch rote Farbstreifen an den Bäumen. Nach 2 Std. 52 Min. überqueren wir einen breiten, grasbewachsenen Weg und gehen geradeaus auf dem schmalen Fußpfad weiter bergauf, jetzt nicht mehr so steil. Kurz darauf überqueren wir nochmals einen breiten Holzabfuhrweg und gehen weiter geradeaus auf dem schmalen

Pfad aufwärts, jetzt wieder etwas steiler. 1 Min. später kommen wir wieder auf denselben breiten Weg, der eine Kehre gemacht hat, und gehen diesen jetzt rechts aufwärts, an einer Schranke vorbei. 100 m nach der Schranke, nach 3-stündiger Wanderung, ist unser Weg, den wir bei Weggabelungen immer geradeaus weitergehen, leider asphaltiert (Wz. grüne Zahlen 8 und 9 im weißen Kreis). Bald führt unser asphaltierter Weg aus dem Wald heraus und über schöne Bergwiesen aufwärts. Nach 3 Std. 6 Min. stoßen wir auf einen anderen asphaltierten Weg und haben hier einen prachtvollen Ausblick: Rechts sieht man das Wiesental, unter uns Wehr, dahinter den Dinkelberg, etwas weiter Basel, den Schweizer Jura und die Vogesen; bei guter Fernsicht im Herbst erblickt man die Alpen. – Falls wir in Hornberg nicht einkehren wollen, können wir die Asphaltstraße gleich rechts abwärts wandern und sparen uns dann 15 Min. Wanderzeit. – Unsere Rundwanderung führt jedoch bei der Weggabelung das asphaltierte Sträßchen, über das auch der Hotzenwaldquerweg (Wz. schwarzweißer Rhombus im gelben Feld) geht, links aufwärts, an einem Gedenkstein vorbei. Geradeaus sehen wir den Hochbehälter von Hornberg mit einem Fernsehumsetzer. Im Rückblick sieht man die Hohe Möhr, den Belchen und den Hochblauen. Nach 3 Std. 15 Min. sind wir beim ersten Haus von Hornberg, dem Gasthaus „Zum Jägerstüble" (955 m), wo wir nach dem steilen Anstieg die wohlverdiente Einkehr genießen. Unsere Rundwanderung führt nun wieder vom Gasthaus auf derselben asphaltierten Straße, die wir hochgestiegen sind, zurück und wir genießen beim Abwärtswandern den einzigartig schönen Ausblick. Nach 3 Std. 20 Min. sind wir wieder bei der Straßengabelung, wo wir vorher schon waren, und gehen jetzt aber geradeaus auf dem asphaltierten Sträßchen weiter bergab Richtung „Kleisslerstein–Wehr–Sommerhalde" sowie dem Wz. des Hotzenwaldquerweges schwarzweißer Rhombus im gelben Feld nach. Der Weg führt anschließend am Waldrand abwärts, und nach 3 Std. 28 Min. hört zu unserer Freude die Asphaltdecke auf. Der jetzt grasbewachsene Weg führt weiter am Waldrand abwärts und geht 2 Min. später steil abwärts in den Wald hinein, gut markiert durch das Wz. schwarzweißer Rhombus im gelben Feld. Nach 3 Std. 35 Min. kommen wir an eine Weggabelung und gehen nach links abwärts, dem Wz. folgend. 100 m später biegen wir von dem breiten Holzabfuhrweg ab und gehen rechts auf einem schmalen Fußweg abwärts, weiterhin unserem Wz. folgend, sowie dem Wz. 8 im weißen Kreis. Nach 3 Std. 40 Min. sind wir bei einer Wegkreuzung, überqueren hier den breiten Talweg und gehen auf der anderen Seite auf einem breiten Weg wieder einige Schritte aufwärts Richtung „Wehr" (Das Wz. schwarzweißer Rhombus ist hier nur schlecht zu erkennen!). Bald führt der breite Weg eben weiter, gut markiert durch das Wz. des Hotzenwaldquerweges. Nach 3 Std. 43 Min. finden wir links, wenige Schritte unterhalb unseres Weges, den Kleissler–Stein, der an den Gründer des

Alpensicht

Schwarzwaldvereins Wehr erinnert (Rastmöglichkeit mit Tischen und Bänken sowie schöner Aussicht). Unsere Rundwanderung führt auf dem breiten Weg oberhalb des Felsens geradeaus weiter, zunächst eben, dann leicht abwärts, durch schönen Mischwald. Nach 3 Std. 48 Min. wird der Weg schmäler und führt als Pfad in dem schönen Buchenwald in Serpentinen abwärts. Nach 3 Std. 54 Min. kommen wir zum breiten Häuelkopfweg und gehen diesen im spitzen Winkel links abwärts, an steilen Berghalden entlang, gut gekennzeichnet durch das Wz. des Hotzenwaldquerweges. Nach 4 Std. 5 Min. gehen wir bei einer Weggabelung nach rechts abwärts Richtung „Wehratal". Bei Weggabelungen bleiben wir immer auf dem breiten Weg und gehen geradeaus abwärts, dem Wz. des Hotzenwaldquerweges folgend. Nach 4 Std. 18 Min. kommen wir an eine Weggabelung (527 m), wo der Abkürzungsweg von der Ehwaldhütte wieder auf unsere Rundwanderung stößt, und wandern hier nach links abwärts zum Mühlgrabenbachtal, immer dem Wz. nach. Das Wehrabecken macht von hier fast den Eindruck eines norwegischen Fjordes. Nach 4 Std. 24 Min. geht es an einer Unterstehhütte mit Rastplatz vorbei beim Eingang zum Kavernenkraftwerk Hornberg. Wir wandern weiter geradeaus abwärts auf dem angenehmen Weg durch Mischwald, immer wieder mit schönem Blick zum Stausee, dem Wz. nach. Nach 4 Std. 29 Min. sind wir im Mühlgrabenbachtal (430 m) bei einem asphaltierten Sträßchen und gehen dieses nach links aufwärts, dem Wz. des Hotzenwaldquerweges nach. Nach 4 Std. 33 Min. überqueren wir den Mühlgrabenbach, verlassen gleich nach der Brücke das asphaltierte Sträßchen und wandern nach rechts auf einem schmalen Fußpfad, gut markiert, im Mischwald steil aufwärts. Bald sind wir wieder hoch über dem Mühlgrabenbachtal und haben einen schönen Blick auf die andere Talseite. **Achtung!** Nach 4 Std. 41 Min. geht der schöne Pfad in zwei kurzen Serpentinen nach links weiter hoch, gut markiert durch unser Wz. Bei Weggabelungen folgen wir dem Wz. des Hotzenwaldquerweges. Nach 4 Std. 48 Min. haben wir den höchsten Punkt (540 m) des Fußpfades vom Mühlgrabenbachtal zur Staumauer erreicht, und der sehr schöne Fußpfad geht jetzt durch Mischwald ständig abwärts, leider ohne Aussicht. Nach 4 Std. 56 Min. haben wir die Talsohle des Schindelgrabens, eines Seitentales des Wehratales, erreicht und wandern dieses jetzt rechts talauswärts am Bach entlang ziemlich steil abwärts, dem Wz. folgend. Nach rund 5-stündiger Wanderung haben wir wieder den Parkplatz beim Staudamm des Wehrabeckens erreicht. – 1 km talabwärts von der Staumauer, gegenüber dem Schwimmbad von Wehr, beginnt bei einem Parkplatz die Rundwanderung Nr. 262 „Von Wehr über den Pirschweg nach Rüttehof". –

Gehzeit und Steigung:
Reine Gehzeit: 5 Std. 5 Min. (21 km)
Höhendifferenz: 920 m

Abkürzungen:
a) Von der Ehwaldhütte, nach 2 Std. 39 Min., wandert man geradeaus weiter auf dem Ehwaldweg, an der Felsenhütte und der Häuelkopfhütte vorbei, und kommt dann bei der großen Wegkehre oberhalb des Staubeckens wieder auf die beschriebene Rundwanderung.
Gehzeit: 4 Std. (16 km)
Höhendifferenz: 710 m
b) Man wandert das Mühlgrabenbachtal nach einer Wanderzeit von 4 Std. 29 Min. nach rechts talauswärts zur Landstraße vor und geht dann die Landstraße am Wehrastaubecken entlang zur Staumauer zurück.
Gehzeit: 4 Std. 45 Min. (19 km)
Höhendifferenz: 810 m
c) Man kombiniert die Abkürzungen a) und b)
Gehzeit: 3 Std. 40 Min. (15 km)
Höhendifferenz: 600 m

Kunsthistorischer Hinweis:
In **Wehr** befinden sich das alte Schloss der Herren von Schönau aus dem Jahre 1574 sowie daneben das neue Schloss aus dem Jahre 1784, das jetzt als Rathaus dient und 1825 aufgestockt wurde. Die katholische Pfarrkirche wurde 1804 in frühklassizistischer Form errichtet und 1908 im Neubarockstil erweitert.

Einkehrmöglichkeiten:
Unterwegs: In **Hornberg** Gasthaus „Zum Jägerstüble" (Ruhetag donnerstags, freitags bis 15.00 Uhr geschlossen; Betriebsferien nicht festgelegt; an schönen Wochenenden telefon. Tischbestellung ratsam; Tel. 07764/241).
In **Wehr**, unweit unseres Parkplatzes, laden zahlreiche Gaststätten und Cafés zur Stärkung ein.

Empfohlene Wanderkarten:
1. Atlasco-Wanderkarten 1:30.000, Nr. 213, 221, 241 oder 243
2. Kompass-Wanderkarte 1:30.000, Nr. 897
3. Schwarzwaldvereinskarte 1:50.000,
   Blatt 8 (Belchen–Wiesental)

Vom Wiesental zum Zeller Blauen

Eine 4-stündige, sehr aussichtsreiche Rundwanderung, die nicht besonders anstrengend ist. Sie führt auf den Zeller Blauen, den nördlichen Wächter des hinteren Wiesentales, der nicht allzu oft bestiegen wird. Entsprechend schlecht ist auch die Wegmarkierung im Gebiet dieses Berges. Die Wanderung ist besonders im Herbst zu empfehlen, wenn man bei guter Fernsicht oft die Alpen sieht. Ein Viertel der Wanderung führt über Asphaltsträßchen, die jedoch fast alle verkehrsarm sind.

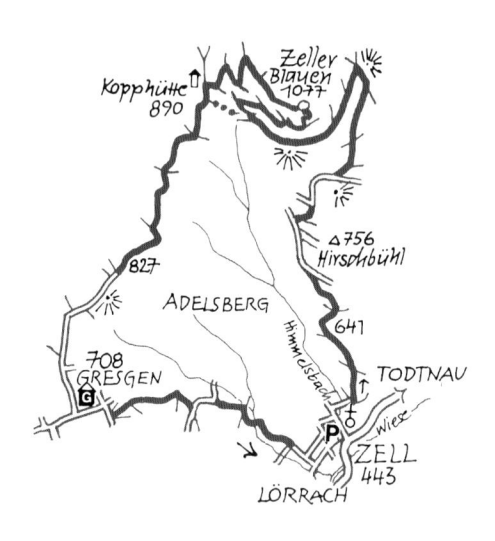

🚗 Zufahrt:
Von der Rheintalautobahn Karlsruhe–Basel (A 5) fährt man über das Autobahndreieck Weil nach Lörrach und dann auf der B 317 bis Zell (28 km). Von Freiburg aus fährt man am besten über Kirchzarten, Notschrei, Todtnau und dann auf der B 317 von Todtnau nach Zell (51 km). In Zell findet man unweit der katholischen Kirche in der Rathausgasse Parkmöglichkeit sowie beim Schulzentrum oder beim Stadtpark. Die Rundwanderung kann natürlich auch in Gresgen begonnen werden, wo immer Parkmöglichkeiten vorhanden sind.

🚌 Anfahrt mit öffentlichem Verkehrsmittel:
Bahn: Wiesentalbahn Basel–Zell,
       Bahnhof Zell (Wiesental)
Bus: Linie 7300 (SBG), Lörrach–Titisee
       Haltestelle Zell-Schönauer Straße.

🥾 Wanderung:
Min. Unsere Rundwanderung beginnt gleich hinter der katholischen Kirche von Zell (443 m), wo wir ein asphaltiertes Sträßchen ziemlich steil rechts aufwärts wandern Richtung „Zell–Belchen", dem Wz. blauer Rhombus nach. Nach 3 Min., beim letzten Haus von Zell, gehen wir bei der Weg-

gabelung am Waldrand nach links Richtung „Blauen–Belchen" dem Wz. blauer Rhombus folgend und die Asphaltdecke hört auf. Der Weg führt oberhalb des Himmelsbachtales steil im Wald aufwärts und ist gut markiert mit dem Wz. blauer Rhombus. Nach 14 Min. Wanderzeit überqueren wir einen breiten Holzabfuhrweg und gehen die alte Blauener Straße geradeaus weiter aufwärts unserem Wz. nach. Nach 20 Min. gehen wir bei einer Weggabelung nach rechts, jetzt eben weiter unserem Wz. folgend. Nach 23 Min., bei der nächsten Weggabelung im Wald, wenden wir uns nach links und der Weg führt wieder aufwärts. Nach einer knapp ½-stündigen Wanderung kommen wir aus dem Wald heraus und unser Weg führt geradeaus über Wiesen und Äcker weiter. Links sehen wir ein Haus bei Adelsberg, in weiterer Entfernung links die Häuser von Gresgen, im Rückblick die Hohe Möhr. Nach 32 Min. stoßen wir auf ein asphaltiertes Sträßchen beim Hirschbühl und folgen diesem nach links, immer dem Wz. blauer Rhombus nach. Vor uns liegt der Zeller Blauen, der höchste Punkt unserer Rundwanderung. Links sehen wir die Häuser des kleinen Weilers Blauen. Nach 35 Min. gehen wir bei einer Straßengabelung nach links eben weiter auf die Häuser von Unterblauen zu. 2 Min. später, kurz vor dem ersten Haus von Blauen, biegen wir von der Asphaltstraße rechts ab und wandern auf einem Wiesenweg am Waldrand aufwärts dem Wz. blauer Rhombus nach. Nach 40 Min. kommen wir wieder an ein Asphaltsträßchen und sind beim Bergsattel Hirschbühl (754 m) angelangt. Wir wandern auf dem Sträßchen über Wiesen weiter Richtung „Wolfsacker–Belchen" demselben Wz. nach wie bisher. Wir haben jetzt geradeaus einen sehr schönen Blick in das obere Wiesental und auf die Berge des Hochschwarzwaldes, nach rechts zur Hohen Möhr, zum Rohrenkopf und zu den kleinen Weilern Riedichen und Gaisbühl, unterhalb der Hohen Möhr. Tief unten erkennt man die Häuser von Atzenbach und das Neubaugebiet von Zell.

Wiesental mit Feldberg

Nach 47 Min. können wir das Asphaltsträßchen verlassen und gehen nach links aufwärts mit schönen Ausblicken und folgen dem Wegweiser „Belchen" sowie dem Wz. blauer Rhombus. Nach 51 Min. führt der Weg in den Wald und steigt jetzt nur noch leicht an. 1 Min. später überqueren wir einen breiten Holzabfuhrweg und gehen auf unserem schmalen Pfad weiter geradeaus aufwärts dem Wz. blauer Rhombus folgend. Nach 1 Std. 5 Min., bei einem breiten Holzabfuhrweg, verlassen wir den Höhenzugangsweg, der mit dem Wz. blauer Rhombus bezeichnet ist und zum Belchen führt. – Es ist empfehlenswert, auf dem breiten Holzabfuhrweg zunächst 100 m etwas abwärts nach rechts zu wandern, wo man von einer Bank (862 m) einen schönen Blick auf die abgelegenen Häuser von Käsern sowie zum Bubshorn und zum Hirschkopf hat. Hier stoßen wir auf die Wanderung Nr. 252 „Zwischen dem Großen und dem Kleinen Wiesental". – Unsere Rundwanderung führt auf einem breiten, nicht markierten Holzabfuhrweg nach links, der ziemlich eben durch Nadelwald führt. Bei Weggabelungen bleiben wir auf dem breiten Weg und gehen geradeaus. Nach 1¼-stündiger Wanderzeit kommen wir aus dem Wald heraus und haben bei einer Bank (920 m) einen prachtvollen Ausblick. Tief unter uns im Wiesental sehen wir Häuser von Zell, auf der anderen Talseite die Hohe Möhr und bei guter Fernsicht, vor allem im Herbst, die Alpen. Rechts sehen wir die Häuser von Adelsberg und dahinter die Häuser von Gresgen; unter uns liegen die Häuser von Unter- und Oberblauen. Wir wandern den aussichtsreichen Weg am Waldrand geradeaus weiter. – 100 m rechts im Wald, etwas versteckt, ist die Walter-Blank-Hütte (Unterstehmöglichkeit). – Nach 1 Std. 28 Min. geht der Weg wieder abwärts. – Wir können hier die Wanderung abkürzen, indem wir geradeaus abwärts wandern direkt zur Blauener Ebene (Wegweiser: „Panoramaweg Gresgen"; siehe **Abkürzung**). – Unsere Rundwanderung führt hier jedoch 5 m nach rechts und dann bei der nächsten Weggabelung

Hohe Möhr mit Alpenblick

nach links und geht durch Mischwald auf einem Weg (Wz. oranger Punkt) aufwärts. Nach 1 Std. 32 Min. wandern wir bei einer Weggabelung nach rechts ziemlich steil aufwärts. 5 Min. später überqueren wir einen breiten Holzabfuhrweg und gehen geradeaus aufwärts. Der Weg führt durch Mischwald stetig bergan. Nach 1 Std. 43 Min. kommen wir zu einem Holzabfuhrweg und gehen diesen im spitzen Winkel nach links. Bei der nächsten Weggabelung gehen wir nach rechts etwas steiler aufwärts, dem Wz. oranger Punkt folgend, zum Zeller Blauen. Nach 1 Std. 50 Min. haben wir den Gipfel des Zeller Blauen (1077 m) erreicht. Leider haben wir vom Gipfel fast keine Aussicht, da praktisch alles zugewachsen ist.

Wir wandern einen schmalen Weg rechts am Gipfelkreuz vorbei (Wz. blauer Punkt). 10 Min. nach dem Gipfel erreichen wir den Wegweiser „Alter Grenzweg – Wolfsacker" und gehen hier links abwärts. Nach weiteren 30 m gehen wir bei einer Weggabelung rechts einen Grasweg hinab. Nach 50 m stoßen wir wieder auf den Holzabfuhrweg und gehen diesen abwärts weiter (Wz. blauer Punkt). Kurz darauf, bei einer weiteren Weggabelung, gehen wir durch schöne Nadelwälder abwärts. Nach 2 Std. 5 Min. verlassen wir den breiten Weg und gehen im spitzen Winkel nach rechts abwärts, dem Wz. blauer Punkt nach. Nach 2 Std. 12 Min. biegen wir bei einem Holzabfuhrweg scharf nach links abwärts; in nächster Nähe befindet sich eine Hütte mit Vorplatz zum Unterstehen und mit einem Brunnen, wo wir einen schönen Blick in das Kleine Wiesental haben, zu den Häusern von Raich sowie zum Köhlgarten und zum Hochblauen. Bei der nächsten Weggabelung gehen wir nach rechts und folgen weiter dem Wz. blauer Punkt. Nach 2 Std. 20 Min. kommen wir auf einen breiten Weg, der mit dem Wz. blauer Rhombus bezeichnet ist. – Wir können hier 50 m nach rechts gehen zur Kopphütte (890 m; Unterstehmöglichkeit) auf dem Bergsattel Blauener Ebene. – Unsere Rundwanderung führt hier jedoch nach links abwärts, wo wir nach wenigen Schritten bei der Blaumatt zu einer großen Weggabelung (872 m) kommen, bei der unser Abkürzungsweg wieder auf die beschriebene Rundwanderung stößt. Hier wandern wir geradeaus Richtung „Gresgen" und folgen dem Wz. blauer Rhombus. Der breite, angenehme Holzabfuhrweg führt zunächst aufwärts, dann eben durch den Wald. Bei Weggabelungen folgen wir dem Wz. des Höhenzugangsweges (blauer Rhombus). Nach 2 Std. 33 Min. kommen wir bei einer Holzhütte (Unterstehmöglichkeit) an eine Weggabelung, wo von rechts der Ochsenstelleweg einmündet, und wandern hier geradeaus dem Wz. blauer Rhombus nach. Nach 2 Std. 43 Min. kommt von rechts der Frommensriedweg, und wir wandern weiter geradeaus dem Wz. nach. Der Weg führt bald stärker abwärts und nach 2 Std. 48 Min. kommen bei einer Waldwiese von rechts zwei Wege. Wir wandern hier geradeaus weiter dem Wz. folgend, auf dem jetzt leider asphaltierten Sträßchen. Nach 2 Std. 52 Min. gelangen wir beim

Waldrand zum Waldparkplatz Erlenboden (825 m; Unterstehhütte sowie schöner Rastplatz). – Man hat vom Waldrand aus einen schönen Blick auf die Häuser von Gresgen, ins Wiesental, zum Dinkelberg und bei guter Fernsicht zu den Alpen. – Wir wandern das asphaltierte Sträßchen abwärts zum nahe gelegenen Dorf und genießen den Ausblick. Bei Weggabelungen bleiben wir auf dem asphaltierten Sträßchen. Nach 3-stündiger Wanderung, in der Nähe des Friedhofes, wandern wir bei einer Straßengabelung
<u>11</u> geradeaus abwärts. Nach <u>3 Std. 3 Min.</u> sind wir beim ersten Haus von Gresgen und wenige Minuten später bei der Ortsmitte (708 m; Einkehrmöglichkeit).
Von hier aus wandern wir nach links auf einem Gehweg an der Landstraße entlang Richtung „Zell" (Wz. grüner Punkt). Wir passieren den Löschteich und die Bauernhäuser von
<u>9</u> Gresgen. Nach <u>3 Std. 12 Min.</u>, beim Haus Nr. 112, verlassen wir die Landstraße, die über Adelsberg nach Zell führt, und gehen nach rechts auf einem asphaltierten Sträßchen abwärts Richtung „Fußweg Zell" dem Wz. grüner Punkt nach. **Achtung!** 1 Min. nach der Landstraße gehen wir bei einer Weggabelung nach links Richtung „Zell". Es führen drei Wege nach links: Der untere führt zu einem Haus, der mittlere, nicht asphaltierte und ebene Weg mit dem Wz. grüner Punkt ist unser Wanderweg. Nach wenigen Schritten, nach einem Heuschober, biegen wir hinter dem Haus am Feldweg links abwärts auf einen Wiesenweg, deutlich markiert durch den Wegweiser „Zell" und das Wz. grüner Punkt. Der aussichtsreiche Wiesenweg führt durch das schöne Henschenbachtal abwärts. Auf der anderen Wiesentalseite erblicken wir den Rohrenkopf und die Hohe Möhr
<u>14</u> sowie die Kalvarienkapelle, oberhalb von Zell. Nach <u>3 Std. 26 Min.</u> kommen wir auf ein Asphaltsträßchen, das über Wiesen abwärts führt, und gehen dieses nach links in Serpentinen abwärts. Nach 3½-stündiger Wanderung, bei einer Linkskurve, verlassen wir die Asphaltstraße und gehen zuerst nach rechts 30 m und bei einer Bank wieder nach links abwärts auf einem schmalen Fußweg im Wald Rich-

tung „Zell", dem Wz. grüner Punkt nach. Nach 3 Std. 35 Min. überqueren wir den Henschenbach auf einem Holzsteg und gehen am Bach entlang weiter talauswärts durch Mischwald. Nach 3 Std. 42 Min. kommen wir zu einem breiten Weg, den wir talauswärts wandern. Nach 3 Std. 45 Min. treffen wir beim ersten Haus von Zell auf eine Asphaltstraße und gehen diese weiter Richtung Ortsmitte. Es geht am Schulzentrum von Zell vorbei und wir wandern die Scheffelstraße geradeaus weiter. Nach der Hauptschule (430 m) kommen wir beim Café „Hasenkamp" zur Gartenstraße und gehen diese nach links. Bei Straßenkreuzungen gehen wir immer geradeaus, am Stadtpark vorbei, wo reichlich Parkmöglichkeiten vorhanden sind. Nach 3 Std. 55 Min. gehen wir die Schulstraße nach links und gleich danach die Gottfried-Fessmann-Straße nach rechts und wir sehen bereits vor uns den Turm der katholischen Kirche, wo unsere Wanderung begonnen hat. Gleich danach sind wir beim Himmelsbach, gehen auf einem Fußweg 50 m nach links aufwärts, überqueren den Bach und sind nach einer Wanderzeit von 4 Std. wieder bei der Kirche.

Gehzeit und Steigung:
Reine Gehzeit: 4 Std. (18 km)
Höhendifferenz: 680 m

Abkürzung:
Man wandert vom Waldrand, nach einer Wanderzeit von 1 Std. 28 Min., nicht auf den Zeller Blauen, sondern geht bei der Kreuzung geradeaus zu der Weggabelung bei der Blaumatt.
Gehzeit: 3 Std. 15 Min. (15 km)
Höhendifferenz: 520 m

Einkehrmöglichkeiten:
Unterwegs: In **Gresgen** Landgasthaus „Zum Gässle" (Ruhetag montags; Betriebsferien nicht festgelegt; Tel. 07625/8088). Am **Ausgangspunkt** der Rundwanderung in **Zell** laden zahlreiche Gaststätten und Cafés zur Stärkung ein.

Empfohlene Wanderkarten:
1. Atlasco-Wanderkarten 1:30.000, Nr. 217, 222 oder 241
2. Kompass-Wanderkarte 1:30.000, Nr. 897
3. Schwarzwaldvereinskarte 1:50.000,
   Blatt 8 (Belchen–Wiesental)

Zwischen Wiesen- und Wehratal

Eine besonders aussichtsreiche, gut 4-stündige Rundwanderung auf den Höhen zwischen dem Wiesen- und dem Wehratal. Sie ist besonders bei schönem Wetter im Herbst empfehlenswert, wenn man oft einen prachtvollen Blick auf das Alpenpanorama hat. Im Winterquartal kann die Wanderung manchmal wegen Schnee nicht durchgeführt werden. 40 Minuten führt die Wanderung über asphaltierte Sträßchen.

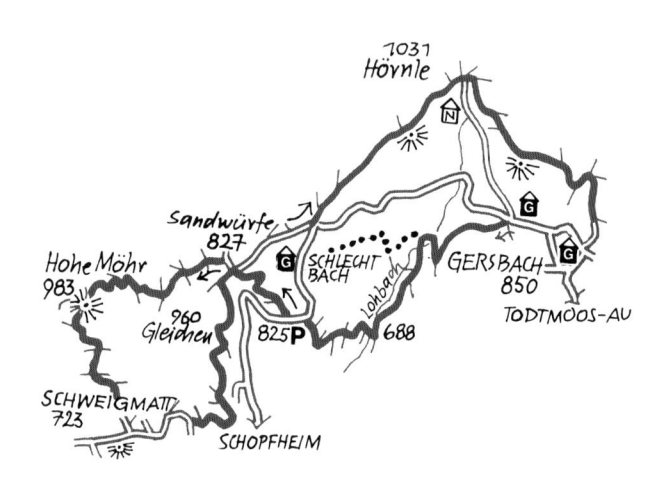

Zufahrt:
Von der Autobahn Karlsruhe–Basel (A 5) fährt man über das Autobahndreieck Weil auf der A 98 bis zur Ausfahrt Lörrach-Schopfheim, anschließend auf der B 317 um Schopfheim zum Ortsanfang von Hausen. Kurz vor dem Bahnhof von Hausen biegt man von der B 317 rechts ab und fährt über Raitbach, Schweigmatt Richtung „Gersbach". 7,2 km nach Hausen, 500 m vor Schlechtbach, finden wir auf der rechten Straßenseite am Waldrand einen schönen Parkplatz. Die Rundwanderung kann auch in Schweigmatt, Gersbach oder beim Waldparkplatz Schwellen begonnen werden.

Anfahrt mit öffentlichem Verkehrsmittel:
Bus: Linie 7308 (SBG), Schopfheim–Gersbach,
Haltestelle Schlechtbach,
Busverkehr montags bis samstags.

Wanderung:
Min. Wir wandern vom Parkplatz (825 m) 50 m die Kreisstraße, die wir hinaufgefahren sind, abwärts Richtung „Wiesental", biegen dann von der Landstraße rechts ab und gehen einen Wiesenweg aufwärts, dem Wz. schwarzer Stern auf gelbem Grund nach. Bald geht der Weg durch Mischwald eben weiter und verläuft parallel zur Landstraße. Nach 5 Min. kommen wir an eine Weggabelung und gehen hier

rechts aufwärts, den markierten Weg verlassend. Nach 9 Min. treffen wir auf einen breiten Weg, gehen diesen nach links und kommen nach wenigen Metern bei einer Waldwiese zu einem asphaltierten Sträßchen. Wir befinden uns jetzt beim Bergsattel Sandwürfe (827 m) und wandern ab hier auf dem Höhenweg Pforzheim–Basel (östliche Variante des Westweges) Richtung „Hohe Möhr" dem Wz. roter Rhombus nach. – Hier stoßen wir auf die Rundwanderung Nr. 247 „Vom Eichener See zur Schweigmatt und nach Schlechtbach". – Der Weg führt durch Tannenwald aufwärts und bei Weggabelungen folgen wir immer dem Wz. roter Rhombus. Nach 15 Min. Wanderzeit gehen wir bei einer Weggabelung links bergan, dem Wz. roter Rhombus nach, dem wir auch bei den nächsten Weggabelungen folgen. Nach 20 Min. zweigen wir von dem breiten Weg ab und gehen auf einem schmalen Weg im Wald links aufwärts, unserem Wz. folgend. Auf dem Kamm, auf dem jetzt der Weg verläuft, treffen wir auf Grenzsteine aus dem Jahre 1790, als hier die Grenze zwischen der Markgrafschaft Baden-Durlach und Vorderösterreich verlief. Nach ½-stündiger Wanderzeit sind wir auf dem Bergpass Rothruhe (890 m; Unterstehhütte) angekommen. Wir wandern jetzt auf einem breiten Holzabfuhrweg bergan, dem Wz. roter Rhombus folgend. Nach 33 Min. verlassen wir den breiten Weg und gehen nach links auf einem schmalen Fußpfad in Serpentinen ziemlich steil aufwärts zum Turm der Hohen Möhr, den wir bereits erblicken (Wz. roter und blauer Rhombus). Nach 41 Min. gehen wir einen breiten Weg, unweit des Fernsehsenders, weiter bergauf zum nahe gelegenen Aussichtsturm der Hohen Möhr (983 m), der nach

Hohe Möhr

einer Wanderzeit von 44 Min. erreicht ist. – Der 1893 erbaute Turm ist 30 m hoch und 144 Stufen führen auf die Plattform, wo man eine herrliche Aussicht genießt: Im Westen sieht man das untere Wiesental von Schopfheim bis Basel und die Vogesen, im Süden den Dinkelberg, den Hotzenwald, den Jura und bei guter Fernsicht die Alpen. Im Osten reicht der Blick nach Gersbach, wo unsere Wanderung hinführt, zum Hochkopf und Feldberg und im Norden zum Belchen, Zeller Blauen, Köhlgarten und Hochblauen. Tief unten im Wiesental erblicken wir Zell. –

Vom Turm aus wandern wir die Serpentinen durch den Wald abwärts Richtung „Schweigmatt", deutlich gekennzeichnet durch das Wz. roter Rhombus des Westweges. Nach 50 Min. gehen wir einen breiten Holzabfuhrweg geradeaus abwärts. Nach 53 Min. biegen wir auf einen kleinen Fußpfad nach rechts abwärts Richtung „Schweigmatt", dem Wz. roter Rhombus nach. Der Weg führt im Tannenwald abwärts und ist gut markiert. Nach 1-stündiger Wanderzeit gehen wir einen breiten Holzabfuhrweg 50 m nach rechts, deutlich markiert durch das Wz. roter Rhombus; danach biegen wir nach links ab auf einen schmalen Fußpfad Richtung „Schweigmatt", dem Wz. nach. Nach 1 Std. 3 Min., nach Überqueren eines breiten Weges, gehen wir auf dem Fußweg geradeaus weiter abwärts. **Achtung!** Nach 1 Std. 4 Min., nach einer Bank im Wald, gehen wir nicht geradeaus, sondern im spitzen Winkel rechts abwärts, deutlich markiert durch unser Wz. Nach 1 Std. 6 Min. überqueren wir den Rundweg, der um die Hohe Möhr führt, und gehen geradeaus weiter abwärts, immer dem Wz. nach. Nach 1 Std. 8 Min. sind wir bei dem ersten Haus von Schweigmatt und gehen auf dem asphaltierten Sträßchen zur Ortsmitte abwärts, die wir 2 Min. später erreichen. – Wenige Schritte rechts liegt das Gasthaus „Zum Hutzelwieb" (Einkehrmöglichkeit). –

Wir wandern bei der Weggabelung das asphaltierte Sträßchen nach links dem Wz. grüner Punkt nach Richtung „Schlechtbach"; der Wegweiser lautet „Rundweg um den Gleichen". Rechts unter uns sehen wir das Schwimmbad von Schweigmatt. Nach 1 Std. 16 Min. geht es vorbei an der Pension „Waldhaus" (Ferienwohnungen; Einkehrmöglichkeit: Kuchen und Vesper) mit einem Brunnen. Wir gehen hier geradeaus am Waldrand entlang Richtung „Schlechtbach", dem Wz. grüner Punkt nach, und verlassen das asphaltierte Sträßchen. 100 m nach der Pension macht der breite Weg eine starke Linkskurve; hier verlassen wir den breiten Weg und gehen geradeaus im Wald aufwärts Richtung „Schlechtbach", dem Wz. grüner Punkt folgend. Bald kommen wir aus dem Wald heraus und genießen wieder die prachtvolle Aussicht. Genau unter uns liegt das vordere Wehratal. Nach 1 Std. 25 Min. führt der Weg wieder in den Wald und es geht weiter aufwärts. Nach 1 Std. 29 Min. kommen wir im Wald an eine Weggabelung und biegen nach rechts ab Richtung „Schlechtbach", dem Wz. grüner Punkt folgend. Es geht jetzt eben durch

Blick ins Wiesental v. Turm

Mischwald weiter. Nach 1 Std. 35 Min. stoßen wir auf einen breiten, nicht asphaltierten Weg, der von Schweigmatt kommt, und gehen diesen nach links, weiter dem Wz. grüner Punkt nach bzw. dem Wegweiser „Rund um den Gleichen". Nach 1 Std. 45 Min. sind wir wieder bei dem Bergsattel Sandwürfe (827 m), wo wir bereits vor dem Aufstieg zur Hohen Möhr waren, und damit an dem asphaltierten Verbindungssträßchen Schlechtbach–Riedichen, das wir jetzt geradeaus wandern Richtung „Naturfreundehaus".

Nach 1 Std. 57 Min. kommen wir aus dem Wald heraus und können die Landstraße, auf der wir 12 Min. gewandert sind, verlassen. Wir haben hier einen schönen Blick nach rechts auf die Häuser von Schlechtbach mit dem Skilift sowie auf den Jura und die Alpen, nach links auf Gersbach. Wir wandern hier am Waldrand entlang geradeaus auf dem Höhenweg (Wz. roter Rhombus) Richtung „Gersbach–Naturfreundehaus". Bei Weggabelungen folgen wir weiterhin dem Wz. roter Rhombus. Der Weg führt stetig bergan und nach 2 Std. 2 Min. in den Wald hinein. Bei dem Wasserreservoir können wir links oder rechts gehen; beide Wege treffen kurz nach dem Reservoir wieder zusammen. Bei einer Wegkreuzung, nach 2 Std. 6 Min., gehen wir geradeaus dem Wz. nach. Nach 2 Std. 10 Min. kommen wir aus dem Wald heraus und haben einen schönen Ausblick. Der Westweg führt weiterhin am Waldrand entlang aufwärts, am Modellflugzeuggelände von Gersbach vorbei.

Nach 2 Std. 20 Min. kommen wir an einen Rastplatz und genießen einen prachtvollen Rundblick nach Osten, Süden und Westen. 3 Min. später erreichen wir den höchsten Punkt unserer Rundwanderung, das Gersbacher Hörnle (1031 m), und gehen bei einer Weggabelung am Waldrand geradeaus auf einem schmalen Weg im Wald abwärts dem Wz. roter Rhombus nach. Bald kommen wir wieder auf einen breiten Weg und verlassen den Wald. Rechts unter uns sieht man das Naturfreundehaus. Nach 2½-stündiger Wanderung sind wir beim Bergsattel Schwellen (1001 m) mit einem Waldparkplatz. – Hier stoßen wir auf die Rundwanderung Nr. 251 „Hoch über dem Angenbachtal". 300 m unterhalb des Bergsattels liegt das Naturfreundehaus, wo Einkehrmöglichkeit besteht. Wir können hier abkürzen, indem wir rechts das asphaltierte Sträßchen nach Gersbach abwärts wandern (siehe **Abkürzungen**). – Schöner und aussichtsreicher ist es jedoch, halb rechts abwärts zu

Haselbachtal ü. Hohe Möhr

wandern (Wz. schwarzer Kreis im blauen Feld). Beim Bergsattel Schwellen verlassen wir den Westweg Pforzheim–Basel. Nach 2 Std. 35 Min. gehen wir bei einer Weggabelung nach rechts abwärts dem Wz. schwarzer Kreis im blauen Feld folgend. Bald kommt der Weg aus dem Wald und führt am Waldrand weiter mit prachtvollem Rundblick. Es geht über Bergwiesen weiter, und nach 2 Std. 46 Min. kommen wir an den Waldrand, wo unser Weg an diesem entlang rechts abwärts führt. Bei einer Weggabelung bleiben wir weiterhin am Waldrand und folgen dem Wz. schwarzer Kreis. Nach 2 Std. 47 Min. gehen wir nach links auf einem breiten Weg im Wald abwärts dem Wz. nach in das Gersbachtal. Wir überqueren den Bach und stoßen auf einen weiteren Holzabfuhrweg, den wir nach rechts abwärts wandern (Wz. schwarzer Kreis und blauer Rhombus mit weißem Balken). Nach wenigen Schritten kommen wir aus dem Wald heraus und haben nach 2 Std. 57 Min. die ersten Häuser von Gersbach erreicht, wo der Weg leider wieder asphaltiert ist. Bei einem Brunnen wandern wir wieder geradeaus die Bergkopfstraße abwärts und kommen beim Gasthaus „Zum Pflug" (Einkehrmöglichkeit) auf die Landstraße Schopfheim–Todtmoos. Wir wandern diese – es ist die Wehratalstraße – abwärts Richtung Kirche. Nach der Kirche biegen wir von der Landstraße nach rechts und haben nach 3 Std. 5 Min. Wanderzeit den Gasthof „Zur Mühle" erreicht (850 m; Einkehrmöglichkeit). – Hier treffen wir auf die Rundwanderung Nr. 268 „Von Schwarzenbach nach Gersbach". –
Gleich nach der „Mühle", vor dem „Hägihof", wandern wir rechts aufwärts auf einem asphaltierten Sträßchen, an einzelnen Häusern sowie an der Talstation des Skiliftes vorbei. Nach 3 Std. 12 Min. überqueren wir die Landstraße Todtmoos–Schopfheim und gehen auf der anderen Straßenseite ein kleines Sträßchen weiter aufwärts zwischen den Häusern hindurch. Nach 3 Std. 15 Min. haben wir bei einer Bushaltestelle wieder die Landstraße erreicht, wo das Sträßchen vom Waldparkplatz Schwellen einmündet. Bei der Ortsgrenze von Gersbach verlassen wir die Landstraße und wandern bei einem Parkplatz mit Blockhütte (908 m) den linken, nicht asphaltierten Weg Richtung „Glashütten–Hasel", den Wz. roter Punkt und schwarzer Stern in weißem Feld nach. Der bequeme Weg führt durch Wiesen abwärts. Nach 3 Std. 26 Min. gehen wir bei einer

Weggabelung nach rechts abwärts und folgen dem Wz. schwarzer Stern. Kurz danach kommen wir zum Lohbach, und der Weg führt parallel zum Bach im Talgrund weiter, den Wz. roter Punkt und schwarzer Stern folgend. – Nach
<u>3½-stündiger Wanderung</u> können wir diese um 20 Min. abkürzen, indem wir nach rechts Richtung „Schlechtbach" bergauf wandern (siehe **Abkürzungen**). – Unsere beschriebene Rundwanderung überquert jedoch nach links den Bach und führt im romantischen Lohbachtal weiter abwärts Richtung „Hasel". Nach 3 Std. 33 Min. halten wir uns bei einer Weggabelung links; 100 m danach, bei der nächsten Weggabelung, gehen wir nach rechts und halten uns an den Talweg. Im Lohbachtal achten wir bei Weggabelungen besonders auf die beiden Wz. Nach <u>3 Std. 45 Min.</u> erreichen wir die Stelle, wo im Lohbachtal früher die Stegmühle (688 m) stand.

Hier verlassen wir das Tal und gehen halb rechts dem Wz. schwarzer Stern im gelben Feld nach. Nach wenigen Schritten, bei einer Weggabelung, wandern wir nach rechts, dem Wz. folgend. Der Weg führt ziemlich steil bergan durch dichten Nadelwald und bei Weggabelungen folgen wir dem Wz. schwarzer Stern im gelben Feld. Nach 3 Std. 50 Min. überqueren wir einen breiten Holzabfuhrweg und gehen geradeaus weiter ziemlich steil aufwärts, dem Wz. nach. Nach 3 Std. 53 Min. biegen wir bei einer weiteren Weggabelung nach rechts unserem Wz. nach, jetzt etwas weniger steil aufwärts. Bald kommen wir aus dem Wald heraus und gehen am Waldrand nach links weiter aufwärts mit besonders schönem Ausblick. Bei Weggabelungen halten wir uns an den Waldrand bzw. an unser Wz. Nach 3 Std. 57 Min., unweit unseres Parkplatzes, führt der Weg nochmals in den Wald. Kurz danach, bei einer Weggabelung, halten wir uns an den linken Weg und gehen weiter aufwärts dem Wz. nach. Nach <u>4 Std. 5 Min.</u> haben wir den Parkplatz an der Landstraße, den Ausgangspunkt unserer Rundwanderung, wieder erreicht.

Gehzeit und Steigung:
Reine Gehzeit: 4 Std. 5 Min. (18 km)
Höhendifferenz: 725 m

Abkürzungen:
Die Wanderung kann bequem in zwei Hälften durchgeführt werden, indem man vom Parkplatz zunächst zum Bergsattel Sandwürfe wandert.
a) Man geht weiter von der Sandwürfe zur Hohen Möhr, Schweigmatt, zurück zur Sandwürfe und dann wieder zum Parkplatz.
    Gehzeit: 1 Std. 55 Min. (8 km)
    Höhendifferenz: 320 m
b) Man geht wie zuvor vom Parkplatz zur Sandwürfe und von dort unternimmt man den zweiten Teil der Wanderung über Schwellen, Gersbach, ehem. Stegmühle, zurück zum Parkplatz.
    Gehzeit: 2½ Std. (11 km)
    Höhendifferenz: 455 m

Weitere Abkürzungsmöglichkeiten:
c) Beim Eingang ins Lohbachtal geht man nicht zur Stegmühle, sondern nach Schlechtbach, dann 500 m auf der Landstraße zum Parkplatz.
 Gehzeit: 3 Std. 45 Min. (16 km)
 Höhendifferenz: 625 m
d) Vom Waldparkplatz Schwellen geht man auf der Asphaltstraße zum früheren Café „Deiss" in Gersbach.
 Gehzeit: 3 Std. 40 Min. (16 km)
 Höhendifferenz: 665 m

Einkehrmöglichkeiten:
Unterwegs: 300 m unterhalb des Bergsattels **Schwellen** das Naturfreundehaus am Gersbacher Hörnle (donnerstags Ruhetag; sonst ganzjährig geöffnet; Tel. 07620/238). In **Gersbach** Gasthaus „Zur Mühle" (dienstags Ruhetag und mittwochs bis 15.00 Uhr geschlossen; Betriebsferien nicht festgelegt; Tel. 07620/90400; Michelin: Sorgfältig zubereitete, preiswerte Mahlzeiten; Varta: Besonders beachtenswertes Restaurant). Landgasthof „Hägihof" (montags Ruhetag, donnerstags ab 17.00 Uhr geschlossen; Betriebsferien im November; Tel. 07620/262). Landgasthaus „Pflug" (montags ab 17.00 Uhr geöffnet und dienstags Ruhetag; Betriebsferien nicht festgelegt; Tel. 07620/221). In **Schlechtbach** Gasthaus „Blume" (oberhalb des Parkplatzes, auf einem Wiesenweg in 2 Min. erreichbar; montags und freitags Ruhetag; keine Betriebsferien; Tel. 07620/226). In **Schweigmatt** Gasthaus „Zum Hutzelwieb" (montags und dienstags Ruhetag; Juli und August keine Ruhetage; geöffnet mittwochs bis samstags 12.00 – 24.00 Uhr; sonntags 10.00 – 24.00 Uhr; keine Betriebsferien; Tel. 07622/3487). Pension „Waldhaus" (nur Kuchen und Vesper; freitags Ruhetag; Betriebsferien im November; Tel.07622/8360).

Empfohlene Wanderkarten:
1. Atlasco-Wanderkarten 1:30.000, Nr. 217, 241 oder 243
2. Kompass-Wanderkarte 1:30.000, Nr. 897
3. Schwarzwaldvereinskarte 1:50.000,
 Blatt 8 (Belchen–Wiesental)

Hoch über dem Angenbachtal

Eine knapp 4-stündige, sehr aussichtsreiche Rundwanderung mit einer Höhendifferenz von knapp 500 m. Die Rundwanderung verläuft an dem Südosthang des Mittleren Wiesentales, östlich der Hohen Möhr. Sie führt nur 17 Minuten über markierte Wege, sonst fast immer über nicht gekennzeichnete, breite Holzabfuhrwege, die aber leicht zu finden sind, und auf denen man fast niemandem begegnet. Wer stille Wege und schöne Ausblicke liebt, kann diese Wanderung aus vollem Herzen genießen. Ganz besonders schön ist sie im Frühjahr, vor allem im April/Mai, wenn das frische Grün kommt und die Obstbäume, und etwas später der Ginster, blühen sowie im Herbst, wenn die Laubbäume sich färben und man einen schönen Alpenblick hat. Die Wanderung verläuft fast immer über nicht asphaltierte Holzabfuhrwege und nur 30 Minuten über verkehrsarme asphaltierte Sträßchen. Im Winter kann die Wanderung oft wegen Schnee nicht durchgeführt werden.

Zufahrt:
Von der Autobahn Karlsruhe–Basel (A 5) fährt man beim Autobahndreieck Weil Richtung „Lörrach". 7 km nach dem Autobahndreieck benutzt man die Ausfahrt Lörrach-Schopfheim und fährt dann auf der B 317 Richtung „Schopfheim–Donaueschingen". Man umfährt Schopfheim und Zell auf der B 317. 31 km nach dem Autobahndreieck Weil, beim Mambach, zweigen wir von der B 317 rechts ab und fahren Richtung „Todtmoos" durch das Angenbachtal. 5 km nach Mambach biegen wir von der Straße nach Todtmoos rechts ab und fahren ziemlich steil aufwärts Richtung „Sonnenmatt–Altenstein". Wir fahren durch den kleinen Weiler Sonnenmatt steil bergauf und erreichen kurz danach das Dörfchen Altenstein, prachtvoll gelegen auf einer Höhenterrasse. Wir parken hier in der Nähe des Hauses Nr. 5. Bei einem Waldweg befinden sich weitere Parkmöglichkeiten.

Rohrberg mit Zeller Blauen u. Belchen

Von Freiburg aus erreicht man Mambach schneller über Kirchzarten, Notschrei, Todtnau und Schönau (50 km).
Die Rundwanderung kann auch bei dem kleinen Weiler Rohrberg oder vom Waldparkplatz auf dem Sattel Schwellen, oberhalb von Gersbach, begonnen werden.

🚌 Anfahrt mit öffentlichem Verkehrsmittel:
Es kann leider keine empfohlen werden.
Wenn man eine zusätzliche Gehzeit von 25 Min. in Kauf nimmt, ergibt sich folgende Möglichkeit: Man fährt mit dem Bus nach Gersbach (Buslinie Schopfheim–Gersbach 7308, SBG; verkehrt montags bis samstags) und wandert von dort zum Bergsattel Schwellen hoch (25 Min. Gehzeit).

🥾 Wanderung:
Min. Vom Haus Nr. 5 mit dem gelben Briefkasten (810 m) und mit dem prachtvollen Ausblick zum Zeller Blauen und nach Ehrsberg, jenseits des Angenbachtales, wandern wir zunächst das Asphaltsträßchen abwärts, das wir heraufgefahren sind.
13 Nach 13 Min. verzweigt sich die Straße kurz vor Sonnenmatt, und wir biegen hier links ab. Das Asphaltsträßchen ist nicht markiert und führt aufwärts über Wiesen, mit prachtvollem Ausblick nach Norden. Es geht vorbei an einem Wasserreservoir und bei Weggabelungen bleiben wir auf dem
7 asphaltierten Sträßchen. Nach 20 Min. Wanderzeit, bei einer Weggabelung, hört die Asphaltdecke auf und wir wandern den Neumattweg geradeaus weiter. Bald sehen wir den Belchen mit dem Hohkelch, eine prachtvolle Kulisse über dem Dorf Ehrsberg. Der Weg führt fast eben in den Wald hinein. Bei Weggabelungen bleiben wir auf dem breiten, nicht asphaltierten Wirtschaftsweg und gehen geradeaus weiter. Immer wieder erfreuen uns die Ausblicke auf die kleinen
16 Dörfer Sonnenmatt, Häg und Ehrsberg. Nach 36 Min., bei einer Bank, nehmen wir bei einer Weggabelung den linken Weg, der wieder in den Wald hineinführt, mit schönem Blick zum Zeller Blauen und zu dem kleinen Dörfchen Pfaffenberg auf der anderen Seite des Wiesentals. Der angenehme Wirtschaftsweg führt eben durch schönen Mischwald. Nach 39 Min. überqueren wir im Husarenloch den Albhüttenbach und bei einer Weggabelung, kurz nach dem Bach, bleiben

Alpensicht am Schweikler

wir auf dem rechten, breiteren Weg, der durch schönen Mischwald mit Lärchen leicht abwärts führt. Nach 45 Min. kommen wir an eine prachtvolle Waldwiese und sehen darüber den Berg Hörnle. Bei Weggabelungen bleiben wir stets auf dem breiten Wirtschaftsweg, der meistens eben geradeaus führt, nach kurzer Zeit wieder durch Mischwald. Nach knapp 1-stündiger Wanderung kommen wir auf einen breiten Holzabfuhrweg („Rundweg") und gehen diesen geradeaus abwärts weiter. Nach 1 Std. 4 Min. sind wir beim Waldrand an einer Weggabelung und nehmen hier den linken Weg, der eben durch die Wiesen zieht. Wir haben wieder einen prachtvollen Ausblick zum Belchen, Heidstein, Trubelsmattkopf und Wannenkopf. Unter uns sehen wir die Dächer von Rohrberg. Nach 1 Std. 8 Min. gehen wir bei einer Weggabelung rechts abwärts und sind 2 Min. später in Rohrberg (840 m).

Wir wandern das asphaltierte Sträßchen links aufwärts, an einem Steinkreuz vorbei. Nach wenigen Schritten haben wir den kleinen Weiler durchquert und die Asphaltdecke hört jetzt auf. Der Wirtschaftsweg führt durch prachtvolle Bergwiesen leicht aufwärts, immer mit schönem Ausblick. Bei Weggabelungen bleiben wir weiterhin auf dem breiten, bergauf führenden Wirtschaftsweg. Nach 1 Std. 18 Min. macht unser Wirtschaftsweg eine Linkskurve, und wir haben jetzt ein prachtvolles Panorama: Im Südwesten sehen wir die Juraberge, im Westen die Hohe Möhr mit ihrem Turm und die Vogesen, im Nordwesten den Zeller Blauen und die Höhen westlich des Kleinen Wiesentales. Bei Weggabelungen bleiben wir weiterhin auf dem breiten Wirtschaftsweg, der zwar nicht markiert, aber auch nicht zu verfehlen ist. Nach 1 Std. 23 Min. führt der breite Weg wieder in den Wald hinein, weiterhin aufwärts. Vor dem Waldeintritt sehen wir im Wiesental Zell, darüber die Dörfer Adelsberg und Gresgen. 2 Min. später, bei einer Weggabelung, gehen wir links aufwärts Richtung „Gersbach". Nach 1 Std. 27 Min. sind wir wieder am Waldrand, und unser Wirtschaftsweg führt in Kurven über eine prachtvolle Waldwiese aufwärts. Bei einer

Altensteiner Kreuz

Rechtskurve sehen wir jetzt im Norden den Stübenwasen, im Süden den Schweizer Jura und bei guter Fernsicht die Schweizer Alpen. Im Rückblick sehen wir den Hochblauen mit seinem markanten Fernsehturm. Nach 1 Std. 34 Min. gehen wir bei einer Waldecke nach rechts und treten gleich darauf wieder in den Wald ein. Nach 1 Std. 42 Min. liegt rechts das Ferienhaus Lapp (keine Einkehrmöglichkeit), und wir haben jetzt die Höhe (1010 m) erreicht. Wir gehen geradeaus auf dem breiten Wirtschaftsweg eben weiter am Nordosthang des Hörnle entlang, das nur wenig höher ist (1026 m). Nach 1 Std. 50 Min. sind wir bei der Wegkreuzung und dem Wanderparkplatz auf dem Bergsattel Schwellen (1002 m). – Hier treffen wir auf die Rundwanderung Nr. 250 „Zwischen Wiesen- und Wehratal". Nach Süden haben wir jetzt einen prachtvollen Blick zum Schweizer Jura und zu den Schweizer Alpen. 300 m unter uns sehen wir das Dach des Naturfreundehauses (Einkehrmöglichkeit). Ein asphaltiertes Sträßchen führt von hier abwärts nach Gersbach (ca. 2 km). Der Bergsattel Schwellen ist im Winter ein Loipenzentrum. – Wir nehmen von hier den Westweg Pforzheim–Basel (Wz. roter Rhombus), der nördlich um den Rohrenkopf herumführt. Er führt als breiter Holzabfuhrweg an der Bank vorbei in den Wald hinein. Vor uns sehen wir den Rohrenkopf (1170 m), an dessen Nordseite wir leicht bergan wandern. Bei Weggabelungen folgen wir dem Wz. roter Rhombus. Immer wieder hat man prachtvolle Ausblicke nach Norden zum Belchen, Zeller Blauen, Hochblauen und Köhlgarten. Nach 2-stündiger Wanderung geht der Weg eben weiter. Links unter uns sehen wir die Häuser von Rohrberg. Bei Weggabelungen bleiben wir weiterhin auf dem breiten Wirtschaftsweg, der nach 2 Std. 12 Min. wieder leicht ansteigt. Nach 2 Std. 18 Min., bei einer Bank, gehen wir bei einer Weggabelung den Oberen Rohrbergweg links abwärts durch schönen Mischwald. Nach 2 Std. 23 Min. kommt von links der Mittlere Rohrbergweg hoch. Wir gehen hier geradeaus, jetzt wieder kurz aufwärts. Nach 2 Std. 25 Min. kommen wir an eine große Wegkreuzung

Altenstein

beim Bergsattel Sägebaumdumpf (1040 m). Wir folgen weiterhin dem Westweg Pforzheim–Basel Richtung „Hochkopf", gut bezeichnet durch das Wz. roter Rhombus. Der angenehme Wanderweg führt im Mischwald leicht bergan, bald darauf eben auf dem Kamm zwischen dem Wehra- und dem Wiesental. Bei Weggabelungen im Wald folgen wir dem Wz. roter Rhombus Richtung „Altensteiner Kreuz". Nach 2 Std. 42 Min. sind wir beim Altensteiner Kreuz (1064 m), dem höchsten Punkt unserer Rundwanderung. – Hier stoßen wir auf die Wanderung Nr. 268 „Von Schwarzenbach nach Gersbach". –
Bei einem hölzernen Kruzifix verlassen wir den Westweg und gehen links abwärts auf nicht markiertem Weg. 2 Min. später kommen wir an eine größere Wegkreuzung. Hier gehen wir geradeaus und dann halb rechts abwärts auf einem breiten Holzabfuhrweg ohne nähere Bezeichnung, jedoch bald am Waldrand entlang. Der aussichtsreiche Weg führt am Westhang des Hohemuttlen (1143 m) entlang. Nach 2 Std. 50 Min. führt der angenehme Holzabfuhrweg wieder in den Mischwald hinein, stets leicht abwärts. Bald sehen wir zwischen den Bäumen unter uns die Häuser von Altenstein und etwas später auf der anderen Seite des Angenbachtales die Häuser von Schürberg sowie tief unter uns im Tal das Dorf Happach. Der Weg führt weiter durch prachtvollen Buchenwald abwärts. Nach 3 Std. 5 Min. Wanderzeit stoßen wir auf den Hirzenmoosweg (950 m) und gehen diesen im spitzen Winkel links abwärts Richtung „Altenstein". Nach 3 Std. 23 Min. kommen wir aus dem Wald heraus und gehen über Wiesen geradeaus weiter, leicht abwärts. Wir wandern jetzt durch ein wunderschönes Wiesental und überqueren einen kleinen Bach. Der Weg zieht abwechslungsreich durch Wiesen und durch kleine Waldungen, stets mit schönen Ausblicken, immer abwärts. Nach 3½-stündiger Wanderung haben wir das asphaltierte Gemeindestäßchen von Altenstein erreicht, gehen dieses geradeaus abwärts und haben 5 Min. später in Altenstein wieder den Parkplatz erreicht.

Gehzeit und Steigung:
Reine Gehzeit: 3 Std. 35 Min. (16 km)
Höhendifferenz: 470 m

Abkürzungen: Es können keine empfohlen werden.

✕ **Einkehrmöglichkeiten:**
Unterwegs: 300 m vom Bergsattel **Schwellen** entfernt das Naturfreundehaus am Gersbacher Hörnle (donnerstags Ruhetag; ganzjährig geöffnet; Tel. 07620/238).

Empfohlene Wanderkarten:
1. Atlasco-Wanderkarten 1:30.000, Nr. 217 oder 241
2. Kompass-Wanderkarte 1:30.000, Nr. 897
3. Schwarzwaldvereinskarte 1:50.000,
   Blatt 8 (Belchen–Wiesental)

Zwischen dem Großen und dem Kleinen Wiesental

Eine prachtvolle, knapp 5½-stündige Rundwanderung mit hervorragender Aussicht. Sie führt vom Großen Wiesental hoch zum Zeiger, der auf dem Höhenkamm zwischen Großem und Kleinem Wiesental liegt. Während des Aufstiegs ist man immer wieder von den wunderschönen Ausblicken überrascht. Dann führt die Wanderung auf dem Kamm zwischen dem Belchen und dem Zeller Blauen bis kurz vor dem Zeller Blauen, steigt über Pfaffenberg ab und geht auf einem aussichtsreichen, meist nicht asphaltierten Weg über Oberhepschingen tief hinab in das Wiesental. Zum Parkplatz wandert man auf dem Wiesental-Wander- und Radweg zurück u.a. durch einen originellen Tunnel der ehemaligen Schmalspurbahn Zell-Todtnau. Die Wanderung ist zu allen Jahreszeiten sehr schön; lediglich im Winter bei Schnee ist von der Wanderung abzuraten. Ganz besonders schön ist sie im Herbst, wenn man bei guter Fernsicht die Alpen sieht. 1½ Stunden führt die Wanderung über asphaltierte Sträßchen, jedoch mit wenig Verkehr.

Zufahrt:
Von der Rheintalautobahn Karlsruhe–Basel (A 5) fährt man vom Autobahndreieck Weil nach Lörrach und dann auf der B 317 durch das Wiesental bis Fröhnd, Ortsteil Kastel (35 km von dem Autobahndreieck Weil). Von Freiburg aus fährt man am besten

über Kirchzarten–Notschrei–Todtnau und dann auf der B 317 durch Schönau bis Fröhnd (44 km). 8 km nach Zell, bzw. 3 km nach Schönau, biegt man vor der B 317 nach Westen ab, überquert die Wiese auf der Kasteler Brücke und fährt nach links durch Unterkastel, an dessen Ende man beim Rathaus und Mehrzweckhalle ausreichend Parkmöglichkeiten findet.

Die Wanderung kann auch beim Waldparkplatz Zimmerplatz, 1 km oberhalb von Pfaffenberg, begonnen werden. Man erreicht Pfaffenberg, indem man von Atzenbach aus, 2 km nordöstlich von Zell, hochfährt (Entfernung vom Autobahndreieck Weil 34 km, von Freiburg 50 km).

Anfahrt mit öffentlichem Verkehrsmittel:
Bus: Linie 7300 (SBG), Lörrach–Titisee,
   Haltestelle Fröhnd-Kastel.

Wanderung:
Min. Wir wandern auf dem kleinen, asphaltierten Sträßchen wieder zurück zur Kasteler Brücke. Kurz vor der Brücke (500 m), am Ende von Unterkastel, gehen wir links an einer Gedenkstätte für die Gefallenen der Gemeinde vorbei, Richtung „Hof", dem Wz. blauer Rhombus nach. Nach wenigen Schritten, nach 4 Min. Wanderzeit, hört beim letzten Haus von Unterkastel die Asphaltdecke auf und wir gehen jetzt am Waldrand entlang auf einem schönen Weg aufwärts. Bei Weggabelungen folgen wir immer dem Wz. blauer Rhombus. Nach 9 Min. bei einer Gabelung im Talgrund des Hofbachtals gehen wir links aufwärts Richtung „Hof", gut markiert durch das Wz. Der Weg steigt jetzt durch Mischwald ziemlich stark an der nördlichen Seite des Kaibbühls an und ist mit Gras bewachsen. Nach 18 Min. wandern wir an einer schönen Bergwiese entlang und der Weg führt jetzt nicht mehr so steil bergan. Nach 22 Min. kommen wir aus dem Wald heraus und unser schöner Pfad führt über Wiesen weiter zu dem nahe gelegenen kleinen Dorf Hof, dessen Dächer wir bereits sehen. Leider beginnt nach 23 Min. wieder eine Asphaltdecke. Links sehen wir einen Skilift, der zum Horn (996 m) hochführt; rechts vom Horn erblicken wir das Dachseck (997 m), an dessen Nordseite unser späterer Weg entlanggeht. Kurz vor Hof sehen wir

30 rechts den Feldberg. Nach ½-stündiger Wanderung haben wir den kleinen Weiler Hof (675 m) erreicht. Wir wandern auf der Dorfstraße nach rechts weiter dem Wz. blauer Rhombus nach. – In dem kleinen Dorf besteht im Gasthaus „Hirtenbrunnen" Einkehrmöglichkeit. – Mitten im Dorf ist ein erfrischender Brunnen, wo wir im spitzen Winkel das asphaltierte Sträßchen links aufwärts wandern Richtung „Zeiger, Belchen", weiterhin dem Wz. blauer Rhombus nach. Während des Aufstieges haben wir einen schönen Blick auf die Berge jenseits des Wiesentales. Bei einer großen Rechtskurve am Dorfende bleiben wir auf dem asphaltierten Sträßchen und folgen dem Wz. Nach 35-minütiger Wanderzeit, kurz nach der Kehre, hört die Asphaltdecke auf und der schöne, aussichtsreiche Weg führt weiter

bergan über Wiesen. Zur Rechten sieht man jetzt das Hasenhorn, das Herzogenhorn sowie das Hochgescheid mit der davor im Tale eingebetteten Ortschaft Tunau. Nach 42 Min. macht unser Weg eine Linkskurve und wir haben jetzt einen besonders schönen Blick zum Belchen und sehen am Fuße des Belchens die Häuser von Böllen. Der Weg verläuft sehr angenehm durch Bergwiesen leicht ansteigend mit prachtvollen Ausblicken nach Norden und Osten. Nach 54 Min. durchqueren wir einen Mischwald und sehen dann unter uns das Sägenbachtal, zu dessen oberstem Teil unser Weg führt, unterhalb des Hohnecks (1022 m). Nach 58-minütiger Wanderung gehen wir bei einer Weggabelung geradeaus am Waldrand weiter Richtung „Zeiger" dem Wz. nach. Das vom Wald umrahmte Sägenbachtal mit seinen steilen Bergwiesen ist besonders schön. Nach 1 Std. 3 Min. geht es über den ersten kleinen Zufluss des Sägenbaches. Kurz darauf kommt man aus dem Wald heraus und man sieht links am Waldrand eine kleine Hütte (800 m; Unterstehmöglichkeit). Nach Überqueren von zwei weiteren Zuflüssen wandern wir im Meierwald aufwärts. Nach 1 Std. 11 Min. gehen wir bei einer Weggabelung nach links weiter aufwärts Richtung „Zeiger", an einer Bank vorbei dem Wz. nach. Gegenüber der Bank finden wir eine besonders schöne Kammfichte (Naturdenkmal). 3 Min. nach der Bank wandern wir im Wald bei einer Weggabelung nach rechts auf dem oberen Meierwaldweg und folgen weiter dem Wz. Bei der nächsten Weggabelung halten wir uns links, gut markiert durch unser Wz. blauer Rhombus. Nach 1 Std. 25 Min. geht es an einer einsamen Hütte im Wald vorbei; unter dem Vordach ist Unterstehmöglichkeit. Nach 1 Std. 32 Min. haben wir den Bergsattel Zeiger (906 m) erreicht. – Wir stoßen hier auf die beschriebene Rundwanderung Nr. 246 „Rund um Neuenweg". –

Unsere Wanderung geht hier im spitzen Winkel nach links auf dem Höhenweg Belchen–Zeller Blauen Richtung „Gresgen–Schopfheim" und folgt weiterhin dem Wz. blauer Rhombus leicht bergan im Mischwald. Nach knapp 50 m geht der Weg nach rechts weiter, nicht mehr auf dem Höhenkamm, gut markiert am Westhang des Hohnecks entlang, oberhalb von Bürchau im Kleinen Wiesental. Bald steigt der Pfad etwas steiler bergan. Nach 1 Std. 45 Min. kommen wir auf einen breiteren Holzabfuhrweg und gehen

Alpenpanorama vom Tödi bis zur Jungfrau

diesen links aufwärts, gut markiert durch die Wz. blauer Rhombus und schwarzer Pfeil mit rotem Balken. Nach wenigen Schritten kommen wir zu einem weiteren Holzabfuhrweg (985 m) und gehen diesen halb rechts abwärts. Der breite Weg, der meist mit Gras bewachsen ist, führt sehr angenehm abwärts durch Mischwald. Nach 1 Std. 49 Min. verlassen wir den breiten Weg und gehen links auf einem Fußpfad weiter auf dem Höhenweg Richtung „Kreuz", gut markiert durch das Wz. blauer Rhombus. – Nach wenigen Schritten zweigt nach links ein Fußpfad zum „Kreuz" ab, mit dem Wz. schwarzer Pfeil mit rotem Balken gekennzeichnet. – Wir gehen hier jedoch auf dem Höhenweg Zell–Belchen geradeaus eben weiter dem Wz. blauer Rhombus nach. Nach 1 Std. 58 Min. macht unser Weg eine Linkskurve und führt jetzt kurz bergan. Zwischen den Bäumen sehen wir den Zeller Blauen. Nach 2-stündiger Wanderung kommen wir auf einen breiten Holzabfuhrweg und gehen diesen rechts abwärts dem Wz. folgend. Zwischen den Bäumen sehen wir die Dörflein Raich und Sallneck, jenseits des Kleinen Wiesentales. Nach 2 Std. 5 Min. geht es an der Hörnlehütte (Unterstehmöglichkeit) vorbei; einige Schritte danach sind wir bei der Wegkreuzung Hörnlebrunnenplatz (970 m), oberhalb von Bürchau. Wir gehen geradeaus weiter auf dem Hörnlebrunnenweg Richtung „Zeller Blauen" und folgen weiterhin dem Wz. blauer Rhombus. 5 Min. nach der Hütte kommen wir wieder bei einem Bergsattel an eine Weggabelung. Hier gehen wir nach rechts auf dem breiten Weg und nach etwa 30 m nochmals nach rechts, gut markiert mit dem Wz. Zuerst etwas bergan und dann leicht abwärts wandernd, sind wir nach 2 Std. 18 Min. bei dem Bergsattel und Wegkreuzung Wolfsacker (957 m; Unterstehhütte). Wir gehen hier zunächst geradeaus weiter, zweigen dann 20 m nach der großen Wegkreuzung bei einer Weggabelung nach links ab Richtung „Zell" und folgen hier ebenfalls dem Wz. blauer Rhombus, mit dem auch der rechte Weg markiert ist, der nach Schopfheim

Fernsicht oberhalb von Käsern

geht, und den wir nicht benutzen. Unser breiter Weg führt zunächst kurze Zeit bergan. Nach links haben wir einen schönen Ausblick zum Hochgescheid und Herrenschwander Kopf. Nach 2 Std. 25 Min. kommen wir beim Bergsattel am ehemaligen Käsernhof (993 m) wieder zu einer Wegkreuzung und gehen geradeaus abwärts Richtung „Zell" dem Wz. nach. – Der Bergsattel liegt zwischen dem Hirschkopf (1053 m) und dem Bubshorn (1031 m). – Nach 2 Std. 24 Min. kommen wir aus dem Wald heraus und wandern über prachtvolle Wiesen abwärts. Vor uns sehen wir die Berge jenseits des Wiesentales: Zwischen der Hohen Möhr und dem Rohrenkopf sieht man die Berge des Hotzenwaldes und bei guter Fernsicht die Schweizer Alpen. Bei einer Weggabelung gehen wir nach links weiter bergab. Nach 2 Std. 33 Min. macht unser Weg bei einer Weggabelung eine starke Rechtskurve und wir wandern rechts abwärts auf dem Sepp-Bradel-Weg Richtung „Pfaffenberg", an einer schönen Bank vorbei. 10 Min. nach der Bank ist unser Weg asphaltiert. Links unter uns sehen wir die ersten Häuser von Pfaffenberg, den Ortsteil Käsern, der im obersten Biegenbachtal liegt. Nach 2 Std. 45 Min. kommen wir an eine Schranke, wo wir die Asphaltstraße verlassen. Wir folgen hier nach rechts dem Wz. blauer Rhombus, zunächst Richtung „Blauen, Zell". Der Weg führt leicht bergan über schöne Wiesen mit herrlichem Panoramablick. Nach knapp 3-stündiger Wanderung kommen wir beim Waldrand an einen Holzabfuhrweg und gehen diesen links abwärts. Der breite Holzabfuhrweg macht gleich darauf eine starke Rechtskurve. – Hier stoßen wir auch auf die beschriebene Rundwanderung Nr. 249 „Vom Wiesental zum Zeller Blauen". – Bei der starken Rechtskurve ist eine Bank (850 m), wo wir noch einmal einen sehr schönen Ausblick auf Käsern, auf den Hirschkopf und das Bubshorn haben.
Hier, kurz vor dieser Rechtskurve, verlassen wir den Höhenzugangsweg, der mit dem Wz. blauer Rhombus markiert ist, und gehen den breiten Weg im Mischwald abwärts. Bei

Wegkreuzungen bleiben wir auf dem breiten Holzabfuhrweg und gehen immer geradeaus abwärts. Nach 3 Std. 10 Min. macht bei einer Weggabelung unser breiter Weg, dem wir folgen, eine starke Linkskurve. Tief unter uns im Wiesental sehen wir die Häuser von Atzenbach und Zell, in der Ferne auch Häuser bei Schopfheim. Nach 3 Std. 15 Min. kommen wir zum Wanderparkplatz Zimmerplatz (760 m) mit einer Panoramakarte, einer Unterstehhütte und einem Brunnen. Wir gehen hier geradeaus das asphaltierte Sträßchen abwärts Richtung „Pfaffenberg". Rechts unten sehen wir jetzt die Häuser von Pfaffenberg, zu denen wir hinabwandern. Nach 3 Std. 22 Min. sind wir bei den ersten Häusern von Pfaffenberg und erblicken etwas tiefer die Wallfahrtskapelle „Maria Frieden" und ganz unten im Tale die Häuser der Ortschaft Mambach. Wir gehen das asphaltierte Sträßchen weiter geradeaus bis zur Dorfmitte. Nach 3 Std. 25 Min. geht nach links ein Weg nach Hepschingen und Kastel ab. – Falls wir in Pfaffenberg nicht einkehren wollen, gehen wir hier gleich links ab und folgen dem Wegweiser Richtung „Kastel–Kasteler Brücke". – Empfehlenswert ist es jedoch, hier einzukehren, und wir gehen deshalb das asphaltierte Sträßchen weiter geradeaus abwärts zur Dorfmitte (690 m), die wir nach 3½-stündiger Wanderung erreicht haben (erfrischender Brunnen). Wenige Schritte rechts finden wir den Berggasthof „Schlüssel" (Einkehrmöglichkeit).

Vom Berggasthof wandern wir dann wieder zurück bis zu der Wegkreuzung, wo der Weg nach Oberhepschingen abbiegt. Wir gehen bei dieser Straßengabelung im spitzen Winkel nach rechts aufwärts Richtung „Biegematt–Hepschingen–Kastel–Kasteler Brücke". Nach 3 Std. 37 Min. erreichen wir beim letzten Haus von Pfaffenberg eine Weggabelung und gehen rechts eben weiter auf nicht asphaltiertem Weg Richtung „Hepschingen". Wir haben einen schönen Ausblick nach Osten auf Schönau, zum Knöpflesbrunnen und zum Feldberg; rechts sehen wir den beherrschenden Hochgescheid. Nach 3 Std. 43 Min. Gehzeit überqueren wir den Biegenbach (720 m), und gehen kurz danach bei einer Weggabelung auf dem rechten Weg

Hepschingen mit Feldberg

eben weiter. Nach 3 Std. 50 Min. sind wir wieder bei einer Weggabelung und gehen geradeaus Richtung „Hepschingen–Schönau". Kurz danach überqueren wir den Pfaffenbach (707 m) und genießen herrliche Ausblicke in das Wiesental. Leider beginnt nach 4 Std. 8 Min. auf diesem wunderschönen Panoramaweg wieder die Asphaltdecke und bei Weggabelungen bleiben wir stets auf dem asphaltierten Sträßchen. Nach einer Wanderung von 4 Std. 19 Min. sind wir am Ortseingang von Oberhepschingen (636 m) und gehen auf dem asphaltierten Sträßchen durch das Dorf weiter bergab. In der Ortsmitte gehen wir bei einem Holzkreuz rechts abwärts Richtung „Kastel", an blumengeschmückten Bauernhäusern vorbei. Nach 4½-stündiger Wanderung überqueren wir den Mühlebach und gehen weiter auf dem asphaltierten Sträßchen abwärts Richtung „Kastel". Nach 4 Std. 40 Min. sind wir in Kastel (554 m) bei einer Straßenkreuzung. – Der Name soll sich von einer ehemaligen römischen Befestigung ableiten, die es hier gegeben haben soll. Wir können bei der Straßenkreuzung unsere Rundwanderung abkürzen, indem wir links abwärts nach Unterkastel wandern (Wegweiser: „B 317", siehe **Abkürzungen**). – Unsere Rundwanderung führt jedoch auf einer anderen asphaltierten Straße rechts abwärts Richtung „Niederhepschingen". Bei Weggabelungen bleiben wir auf dem Sträßchen, das stets bergab führt am Hepschinger Bach entlang. Nach 4 Std. 55 Min. haben wir den kleinen Weiler Niederhepschingen (503 m) im Talgrund des Wiesentales erreicht und gehen hier im spitzen Winkel auf dem nicht asphaltierten Wiesental-Wander- und Radweg nach links talaufwärts an der Wiese entlang. Nach 5 Std. 10 Min. kommen wir zu einer besonders interessanten Stelle unserer Rundwanderung. Wir wandern durch den ehemaligen Eisenbahntunnel der Schmalspurbahn Zell-Todtnau, deren Trasse jetzt als Wander- und Radweg dient. Nach 2 Min. kommen wir aus diesem lustigen, unbeleuchteten Tunnel heraus und unser schöner Weg führt weiterhin durch den prachtvollen Uferwald des Wieseflusses. 5 Min. nach dem Tunnel kommen wir wieder aus dem Wald heraus und gehen am Waldrand entlang weiter. Nach 5 Std. 18 Min. verlassen wir den Wiesentalweg und gehen links aufwärts zum nahen Rathaus in Unterkastel, wo unsere Rundwanderung begann.

Gehzeit und Steigung:
Reine Gehzeit: 5 Std. 20 Min. (23 km)
Höhendifferenz: 635 m

Abkürzungen:
a) Nach der Schranke oberhalb von Käsern, nach einer Wanderzeit von 2 Std. 45 Min., gehen wir links abwärts zu den Häusern von Käsern und dann auf einem asphaltierten Sträßchen an den Häusern vorbei aufwärts (Wz. gelber Punkt). Wir folgen dem Weg über den Bach und gehen dann bei einer Bank rechts abwärts, bis wir 28 Min. nach der Schranke, bei der Brücke über den Biegenbach, wieder auf die beschriebene Rundwanderung stoßen. Pfaffenberg bleibt rechts liegen.
Gehzeit: 4 Std. 50 Min. (21 km)
Höhendifferenz: 620 m
b) In Kastel, nach einer Wanderung von 4 Std. 40 Min., biegt man direkt links ab nach Unterkastel.
Gehzeit: 4 Std. 45 Min. (20 km)
Höhendifferenz: 615 m
c) Man kann die beiden Abkürzungen auch kombinieren, wodurch die Rundwanderung ca. 1 Std. kürzer wird.

Einkehrmöglichkeiten:
Unterwegs: In **Hof** Gasthaus „Hirtenbrunnen" (schönes altes Schwarzwaldhaus; montags Ruhetag; Betriebsferien an Fastnacht; Tel. 07673/425). In **Pfaffenberg** Berggasthof „Schlüssel" (montags und dienstags Ruhetag; Betriebsferien von Mitte Januar bis Mitte Februar; Tel. 07625/375). Am **Ausgangspunkt** in **Unterkastel** Gasthof-Pension „Wiese" (kein Ruhetag; Betriebsferien Mitte November bis Mitte Dezember; Tel. 07673/7176).

Empfohlene Wanderkarten:
1. Atlasco-Wanderkarten 1:30.000, Nr. 217 oder 222
2. Kompass-Wanderkarte 1:30.000, Nr. 897
3. Schwarzwaldvereinskarte 1:50.000,
   Blatt 8 (Belchen–Wiesental)

Von Schönau nach Herrenschwand

Eine 5-stündige, sehr aussichtsreiche und empfehlenswerte Rundwanderung. Der langsame und gleichmäßige Anstieg von 550 Höhenmetern ist angenehm zu gehen. Auch der Abstieg ist selten steil, ausgenommen der kurze Weg über die Weide nach dem Zwei-Städte-Blick. Deshalb ist die Wanderung trotz des Höhenunterschieds von 550 m genussreich und ohne große Anstrengung durchzuführen und kann zu jeder Jahreszeit erfolgen, soweit kein Schnee liegt. Mit Ausnahme von 40 Minuten verläuft sie fast immer auf nicht asphaltierten Wegen und Pfaden.

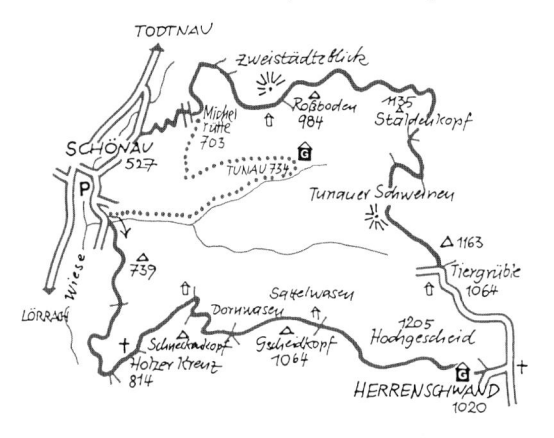

Zufahrt:
Die Wanderung beginnt in Schönau auf dem Parkplatz (527 m) hinter der Volksbank. Der Parkplatz ist leicht zu erreichen, wenn man von der Bundesstraße 317 (Wiesentalstraße) Lörrach–Feldberg–Bärental in der Ortsmitte von Schönau nach Süden abbiegt (Wegweiser „Tunau"). Schönau selbst erreicht man von der Autobahn Karlsruhe–Basel (A 5) über das Autobahndreieck Weil; man fährt dann nach Lörrach und von dort auf der B 317 bis Schönau (39 km). Von Freiburg aus fährt man über den Notschrei nach Todtnau und von dort über die B 317 nach Schönau (40 km).

Anfahrt mit öffentlichem Verkehrsmittel:
Bus: Linie 7300 (SBG), Lörrach–Titisee,
   Haltestelle Schönau Sparkasse.
   Linie 7215 (SBG), Freiburg–Schönau,
   Haltestelle Schönau Sparkasse.

Wanderung:
Min. Zunächst wandern wir auf dem Sträßchen Richtung „Tunau" nach Süden, bis wir nach ca. 300 m nach rechts abbiegen und den Flühweg am Bach entlang weitergehen (Wz. blauer Rhombus, Wegweiser „Hochkopfhaus über Holzer Kreuz"). Der Flühweg – zunächst asphaltiert – ist ein Teil des Wiesentalweges, den wir nach 5 Min. Gehzeit rechts liegen lassen, um links in den Wald hinauf in

Richtung „Holzer Kreuz/Herrenschwand" abzubiegen (Wz. blauer Rhombus). Der angenehme, schmale Fußweg führt zuerst über eine Wiese und dann durch einen Laubwald leicht bergauf. Nach knapp ½ Std. verlässt unser Pfad, der auch ein Waldlehrpfad ist, den Wald und geht über Wiesen weiter. Kurz darauf kommt man an eine Bank und hat die erste schöne Aussicht auf den Belchen. Der Weg führt zunächst durch einen Mischwald, geht dann an Heidelbeersträuchern, Heidekraut, Schlehdorn und Ebereschen vorbei und kreuzt später im Wald einen Holzabfuhrweg, wo sich eine Tafel mit einem Gedicht des badischen Heimatdichters Johann Peter Hebel befindet. Nach 45 Min. tritt man aus dem Wald heraus und sieht unter sich die Häuser von Künaberg, Stutz und auf der anderen Talseite mehrere Ortsteile von Fröhnd liegen. Talabwärts erblickt man auf der linken Seite des Wiesentals die Hohe Möhr mit ihrem markanten Aussichtsturm, auf der rechten Talseite den Zeller Blauen und den Köhlgarten. Bei einer Wegkreuzung in der Wiese nehmen wir den Weg nach links, an einer Sandgrube vorbei, Richtung „Holzer Kreuz/Herrenschwand" (Wz. blauer Rhombus) und gehen nicht nach rechts, Richtung „Holz". Zwischen Wiesen und Feldern geht der etwas breitere Weg jetzt leicht aufwärts, und vor uns erhebt sich der fast 1000 m hohe Schneckenkopf mit seiner Waldkuppe. Nach 55 Min. sind wir beim Holzer Kreuz (814 m) und genießen einen herrlichen Ausblick auf Schönau, auf den gegenüberliegenden Belchen und den Ort Schönenberg.

Wir gehen jetzt auf einem leider asphaltierten Sträßchen über die Weiden fast eben weiter (Wz. blauer Rhombus). Das Weidesträßchen bietet prachtvolle Ausblicke hinab ins Wiesental und auf die gegenüberliegenden Berge: Links vom Belchen ist der Köhlgarten, rechts der Heidstein, Rollspitz und Trubelsmattkopf. Nach einer Rechtsbiegung sieht man auf der anderen Talseite die Alpe Knöpflesbrunnen und weiter hinten die Häuser von Todtnauberg, den Stübenwasen und den Feldberg. Nach 1 Std. 5 Min. hört die Asphaltdecke auf, und das Sträßchen geht in den Wald zum Schneckenboden, den man nach 1 Std. 15 Min. erreicht hat. Bei der Weggabelung nach der Schneckenbodenhütte wandern wir nach rechts auf dem Sattelwasenweg Richtung „Herrenschwand" (Wz. blauer Rhombus). Der Weg geht in zwei Serpentinen bergan; man achte immer auf das Wz. Auf der anderen Seite des Schliffbachtales sieht man den Staldenkopf (1135 m) und den Rossboden (984 m). Nach 1½ Std. Wanderzeit ist der Dornwasen erreicht, ein kleiner Gebirgssattel (960 m), von dem aus man in das untere Wiesental Richtung Basel blickt. Wir folgen nun dem Wz. blauer Rhombus und gehen nicht auf der Südseite zum Sattelwasen. Der Holzabfuhrweg geht durch einen Mischwald leicht bergan, und nach 1¾ Std. ist man beim Sattelwasen, einem kleinen Höheneinschnitt mit einer Holzhütte (1042 m). Hier gehen wir den rechten, ebenen Weg Richtung „Herrenschwand" weiter (Wz. blauer Rhombus). Unsere Rundwanderung führt jetzt auf der Südseite des Hochgescheids (1205 m) entlang. Im Tal rechts unten sieht man die Häuser von Hinterstadel im Künabachtal. Nach 2 Std. Wanderzeit hat man den ersten Blick auf Herrenschwand und den Hochkopf. Hier tritt nun unser Weg aus dem Wald heraus, und ein schöner, aussichtsreicher Panoramaweg führt Richtung Herrenschwand (1020 m), das man nach <u>2 Std. 15 Min. Wanderzeit</u> erreicht hat (Einkehrmöglichkeiten). – Hier in Herrenschwand treffen wir auf die Rundwanderungen Nr. 257 „Rund um Präg" und Nr. 258 „Zwischen Herrenschwand und Ehrsberg". –

Unsere Rundwanderung führt vom Gasthaus „Waldfrieden" auf dem asphaltierten Verbindungssträßchen, das vom Hochkopfsattel kommt, in Richtung „Schönau" weiter. Zunächst folgen wir dem Hochgescheid-Rundweg (Wz. roter Punkt) entlang der Talstation des Skilifts mit einem schönen Blick auf den Feldberg, Herzogenhorn, Spießhörner, Blößling und Hochkopf. Kurz danach gabelt sich das asphaltierte Sträßchen und wir nehmen das rechte, eben weiterführt, Richtung „Schönau". Der Verkehr ist auf dem durch Mischwald führenden Sträßchen erfreulich gering. Nach einiger Zeit sieht man rechts tief im Tal die Häuser von Präg. Nach <u>2 Std. 40 Min. Gehzeit</u> erreicht man den Parkplatz Tiergrüble (1068 m; Unterstehhütte), wo wir das asphaltierte Sträßchen verlassen und nach rechts dem Tiergrüble-Rundweg „Tunauer Schweine" folgen. **Achtung!** Wir nehmen hier **nicht** den Stalden-Rundweg, der weiter nach rechts geht, sondern den Tiergrüble-Rundweg. Der Holzabfuhrweg geht eben durch einen Mischwald in Richtung Nordwesten. Bei einer Weggabelung nehmen wir den linken Weg und gehen eben weiter (und **nicht** rechts hinauf). Nach <u>2 Sd. 50 Min. Gehzeit</u> ist man bei dem Punkt Tunauer Schweine und genießt hier einen herrlichen Rundblick zum Belchen, zum Hochblauen, Köhlgarten und Trubelsmattkopf. Unter uns liegt Schönau; auf der anderen Talseite erkennt man Aitern und Schönenberg. 400 m unter uns sehen wir das kleine Dörfchen Tunau. Der zunächst ebene Weg geht dann im Wald langsam bergab, bis man nach <u>3 Std. 5 Min. Gehzeit</u> an einen kleinen Sattel kommt. Hier geht man nun nicht mehr den breiten Holzabfuhrweg geradeaus, sondern rechts einen schmalen Fußweg abwärts, der als „Rundweg-Abkürzung" gekennzeichnet ist. Wenige Minuten, nachdem man durch den Wald und die Himbeerschonung den schmalen Weg abwärts ging, erreicht man einen breiten Holzabfuhrweg. **Achtung!** Hier geht man links weiter, und nicht rechts (Wz. blauer Balken in weißem Feld). Nach 3 Std. 15 Min. Wanderzeit kommen wir östlich des Staldenkopfes an eine kleine Wegkreuzung. Wir gehen geradeaus in Richtung „Zwei-Städte-Blick–Michelrütte–Schönau" (Wz. blauer Balken).

Unsere Rundwanderung geht zunächst auf der Ostseite, dann auf der Nordseite des Staldenkopfes (1135 m) entlang und anschließend am nördlichen Hang des Rossbodens (984 m) weiter. Kurz darauf hat man schöne Ausblicke auf den Belchen, auf Wieden und Todtnauberg sowie

HERRENSCHWAND

tief unten ins Wiesental auf Utzenfeld. Gegenüber liegt die Alpe Knöpflesbrunnen. Nach 3 Std. 55 Min. Wanderzeit verlässt man den Wald in Richtung „Michelrütte" und kommt auf einer Weide zum Zwei-Städte-Blick (Holzhütte). Wir haben einen schönen Blick vor allem auf Schönau, aber auch auf Todtnau, den Feldberg und den Belchen sowie links nach Tunau hinab und auf die Höhen, die wir heute alle schon bewandert haben. Wir folgen rechts dem Weg steil abwärts über die Weide. Nach 4 Std. 5 Min. ist der steile Wiesenweg zu Ende, und es geht auf einem breiteren Landwirtschaftsweg weiter, an einem Fernsehturm vorbei (Wz. blauer Balken).

Nach 4 Std. 25 Min. ist man in Michelrütte (703 m), einem kleinen, zu Schönau gehörenden Weiler. (Hier befindet sich der größte durch Gletschereinwirkung geschrammte und geschliffene Findlingsblock der europäischen Mittelgebirge.) – Falls wir in Tunau einkehren wollen, können wir in Michelrütte nach links auf dem Hörnleweg nach Tunau wandern (ca. 25 Min.), wo wir in dem empfehlenswerten Gasthaus „Zur Tanne" einkehren können. Von Tunau aus wandern wir auf dem Talweg entlang zum Grabenbach (Wz. blauer Punkt) talauswärts und kommen kurz vor Schönau wieder auf die beschriebene Rundwanderung. – Von Michelrütte aus führt unsere Rundwanderung an einem holzgeschnitzten Brunnen vorbei und folgt auf einem Wiesenweg weiter dem Wz. blauer Balken. Man vermeide es, von Michelrütte aus das asphaltierte Sträßchen abwärts zu gehen und nehme lieber den schönen Wiesenweg auf der linken Talseite Richtung „Schönau". Nach 4 Std. 35 Min. Gehzeit überquert man das asphaltierte Sträßchen und steigt auf einem kleinen, schönen Fußweg durch den Wald weiter abwärts. – Man meide den „Gelber Boden Rundweg". – Nach einer Wanderzeit von 4 Std. 45 Min. haben wir den Wiesentalweg auf der Talsohle erreicht und gehen diesen – leider asphaltierten – Weg links weiter zum Ausgangspunkt unserer Rundwanderung zurück, an dem wir nach 5 Std. wieder eintreffen. – 10 Gehminuten von unserem Parkplatz entfernt beginnt die Rundwanderung Nr. 254 „Rund um Schönenberg". –

Gehzeit und Steigung:
Reine Gehzeit: 5 Std. (20 km)
Höhendifferenz: 550 m

Einkehrmöglichkeiten:
Unterwegs: In **Herrenschwand** Gasthaus „Waldfrieden" (dienstags Ruhetag; Betriebsferien im März und November; Tel. 07674/232). In **Schönau** sind zahlreiche Gaststätten, die zur Einkehr einladen. In **Tunau**, das wir beim letzten Teil unserer Wanderung umrunden, und das 3 km südöstlich von Schönau liegt, ist das Gasthaus „Zur Tanne" (montagabends und dienstags Ruhetag; Betriebsferien Mitte November bis Mitte Dezember; Tel. 07673/310; Michelin: Sorgfältig zubereitete, preiswerte Mahlzeiten).

Empfohlene Wanderkarten:
1. Atlasco-Wanderkarten 1:30.000, Nr. 212 oder 217
2. Kompass-Wanderkarte 1:30.000, Nr. 891
3. Schwarzwaldvereinskarte 1:50.000,
   Blatt 8 (Belchen–Wiesental)
4. Schwarzwaldvereinskarte 1:35.000,
   (Feldberg–Belchen–Schluchsee)
5. Wanderkarte „Todtnauer Ferienland", 1:30.000, herausgegeben von der Kurdirektion 79674 Todtnau

Rund um Schönenberg

Eine wunderschöne, aussichtsreiche Rundwanderung von etwas mehr als 2 Stunden zwischen Schönau und dem Belchen. Die erste Hälfte führt im schattigen Wald bergauf (Höhendifferenz 380 m), die zweite Hälfte abwärts, fast immer über Weiden, mit wunderbarem Blick über das Wiesental und die umliegenden Berge. Die Wanderung kann immer empfohlen werden, es sei denn im Winter liegt Schnee. Besonders schön ist sie im Frühjahr, wenn das grüne Laub erscheint, sowie dann wieder im Herbst, wenn sich das Laub färbt und gute Fernsicht herrscht. Nur 22 Minuten führt der Weg über asphaltierte Sträßchen, sonst immer über nicht asphaltierte Fußpfade und Wirtschaftswege. Die Wanderung rund um das kleine Dorf Schönenberg ist eine der schönsten Wanderungen, die der Schwarzwald zu bieten hat, und wenig anstrengend.

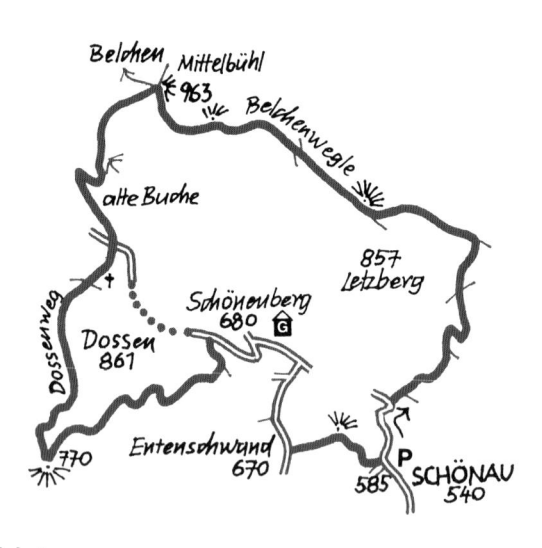

Zufahrt:
Von Freiburg fährt man über Kirchzarten–Notschrei–Todtnau, dann auf der B 317 nach Schönau. Man durchfährt das Städtchen (Friedrichstraße) und biegt fast am Ende des Ortes bei der Post von der B 317 rechts ab Richtung „Schönenberg". 800 m nach der Bundesstraße finden wir bei einer Straßenkreuzung rechts einen schönen Parkplatz, bei dem unsere Rundwanderung beginnt.
Von Basel bzw. von der Autobahn Karlsruhe–Basel (A 5), Autobahndreieck Weil, fährt man über Lörrach–Schopfheim auf der B 317 bis zur Ortseinfahrt von Schönau, dann links ab nach „Schönenberg" bei Beginn der Friedrichstraße (Entfernung vom Autobahndreieck Weil 37 km).

Anfahrt mit öffentlichem Verkehrsmittel:
Bus: Linie 7300 (SBG), Lörrach–Titisee
    Linie 7215 (SBG), Freiburg–Schönau

Haltestelle bei beiden Linien „Schönau-Sparkasse".
Von dort ca. 10 Gehminuten zum Ausgangspunkt der Wanderung.

Wanderung:

Min. Wir wandern von dem Parkplatz (585 m) das asphaltierte Sträßchen Richtung „Schönenberg" über Wiesen aufwärts. Während des Anstieges haben wir nach rechts einen Blick auf Schönau. Bald tritt unser Sträßchen in den Wald ein;
7 nach 7 Min. verlassen wir die Straße (620 m) und gehen rechts auf einem schönen Fußweg im Mischwald aufwärts Richtung „Multen–Belchen" (Wz. blauer Rhombus und roter Balken im weißen Feld). Der Philosophenweg, den wir aufwärts wandern, ist mit zahlreichen Holztafeln versehen, auf denen uns Dichter und Philosophen die Schönheit der Natur und des Wanderns näher bringen. Der angenehme Fußpfad führt an der Ost- und Nordseite des Letzberges stetig bergan, teilweise an Felsen vorbei. Bei Weggabelungen folgen wir immer den beiden Wz. Nach 17 Min. Wanderzeit verlassen wir den Wald und wandern durch eine heideähnliche Landschaft mit Birken und viel Erika. 3 Min. später führt unser Wanderweg wieder in den Wald hinein.
16 Wir finden hier einen kleinen Rastplatz. Nach 23 Min. kreuzen wir den Fußpfad, der von Schönenberg nach Aitern führt, und wandern hier geradeaus weiter durch den Mischwald, dem Wz. blauer Rhombus nach, allmählich etwas steiler aufwärts. Nach 27 Min. durchqueren wir eine kleine Waldwiese – der Weg geht jetzt eben – und wir folgen dem Wegweiser „Holzinshaus–Belchen". Kurz danach, bei einer Weggabelung, gehen wir geradeaus weiter Richtung „Belchen", dem Wz. blauer Rhombus folgend. Danach steigt der schöne Weg im Laubwald wieder bergan, an eindrucksvollen Felsgruppen vorbei. Nach 36 Min. gehen wir am Waldrand weiter, mit schönem Blick auf die Häuser von Aitern im Aiternbachtal. Wir wandern jetzt am Ochsenberg entlang und der Weg heißt auch Ochsenbergweg. Nach 44 Min. kommen wir auf einen breiteren Weg und gehen diesen am Waldrand entlang weiter aufwärts, den

beiden Wz. folgend. 2 Min. später, bei einer Weggabelung, gehen wir links weiter aufwärts Richtung „Belchen", dem Wz. nach. Nach <u>51 Min.</u> überqueren wir wieder einen Weg, der rechts nach „Holzinshaus" hinabführt, einem kleinen Weiler im Aiternbachtal, und wir wandern geradeaus weiter aufwärts Richtung „Belchen" durch einen prachtvollen Wald, den beiden Wz. nach. Nach 57 Min. kommen wir wieder an den Waldrand, und unser schöner Fußweg führt zwischen Wald und Weide weiter aufwärts, kurz danach durch eine Heidelandschaft mit Birken, Wacholderbüschen und Erika. Von einem Bergsattel (910 m) haben wir einen schönen Blick auf die kleinen Weiler Holzinshaus und Aitern. Der Weg führt von hier noch etwas durch Mischwald aufwärts, und wir erreichen nach einer Wanderzeit von <u>1 Std. 6 Min.</u> am Waldrand, unweit der Höhe Mittelbühl (963 m), eine große Wegkreuzung (950 m), den höchsten Punkt unserer Rundwanderung. Hier treffen wir auf die Rundwanderung Nr. 255 „Rund um das Aiternbachtal".

Von dem Bergsattel bei der Wegkreuzung erblicken wir den Rollspitz und den Knöpflesbrunnen bei Wieden. Wir können von hier unsere Wanderung ausdehnen, indem wir geradeaus auf den Belchen wandern (Wz. blauer Rhombus; siehe **Verlängerung**). Unsere Rundwanderung geht hier jedoch links auf einem breiten Holzabfuhrweg durch den Buchenwald abwärts Richtung „Schönenberg" und folgt ab jetzt nur noch dem Wz. roter Balken im weißen Feld. Nach einer Wanderung von 1 Std. 15 Min. kommen wir aus dem Wald heraus und haben einen schönen Blick auf die Berge jenseits des Wiesentales, zum Hochgescheid und zum Staldenkopf. Wir sind jetzt im Weidegebiet der Unteren Stuhlsebene und von rechts kommt über die Weide der Pfad vom Belchen herab. Wir können hier entweder geradeaus über die Wiese abwärts wandern oder auf dem breiten Weg bleiben, der rechts vom Wiesenweg abwärts führt. Beide treffen sich wieder nach 5 Min. Auf der Waldwiese stehen einzelne Wacholderbüsche sowie eine prachtvolle 200 Jahre alte Buche. Nach <u>1 Std. 20 Min.</u> kommen wir zu einer Wegkreuzung (820 m). Falls wir die Wanderung abkürzen wollen, können wir die asphaltierte Wildböllenstraße links abwärts wandern Richtung „Schönenberg" (siehe **Abkürzung**). Unsere Rundwanderung geht hier jedoch bei einer Bank über die Bergwiesen geradeaus weiter, mit prachtvoller Aussicht, an einem Rastplatz vorbei. Nach 1 Std. 24 Min. kommen wir bei dem Bergsattel Sägeneck (810 m), bei einem Wegkreuz, zu einer Weggabelung und gehen hier geradeaus auf unserem als „Rundweg" bezeichneten Weg eben weiter, rund um den Dossen (Wz. roter Kreis). Rechts unter uns liegt Wildböllen, darüber thront der Belchen. Bei Weggabelungen folgen wir immer dem Wz. roter Kreis. Der Weg, Dossenweg genannt, verläuft sehr angenehm leicht abwärts, teilweise durch Mischwald, teilweise am Waldrand entlang mit schönen Ausblicken, an Birkengruppen vorbei. Nach 1 Std. 35 Min. erblicken wir im Westen den Pass Schanze zwischen Böllen und Neuenweg. Nach <u>1 Std. 37 Min.</u>

Schönenberg · Schönau

haben wir einen Bergsattel (770 m) mit einer Bank erreicht und sind jetzt am südlichsten Punkt unserer Rundwanderung. Wir sehen im Süden den Zeller Blauen und die Hohe Möhr.

Hier gehen wir nach links auf dem breiten Dossenweg, der am Waldrand entlang abwärts führt, mit schönen Ausblicken nach Süden und nach Osten, u.a. auf Schönau; später wieder wandern wir durch Mischwald hindurch. Rechts unterhalb des Weges beim Salenwald, erblicken wir eine große Herde von weißbraunen Ziegen, die hier rund um ein Stallgebäude angesiedelt wurden. Nach 1 Std. 52 Min. kommen wir aus dem Wald heraus und sind 1 Min. später wieder bei dem asphaltierten Wildböllensträßchen, auf dem wir die Wanderung abkürzen konnten. Wir gehen die asphaltierte Straße rechts abwärts zu den Häusern von Schönenberg. Nach knapp 2-stündiger Wanderung sind wir bei den ersten Häusern von Schönenberg und gehen durch das Dörfchen auf der asphaltierten Straße abwärts. Es geht am Landgasthof „Beckerhof" und am Gasthaus „Sternen" (Einkehrmöglichkeiten) vorbei. Nach 2 Std. 2 Min. Wanderzeit gehen wir in der Ortsmitte von Schönenberg (680 m), unweit des kleinen Kirchleins, nach rechts Richtung „Entenschwand", weiterhin auf einem asphaltierten Sträßchen, an einem Wegkreuz und an einem Brunnen vorbei. 1 Min. später gabelt sich der Weg; wir nehmen hier das linke Sträßchen, das leicht abwärts führt. Bald liegen die letzten Häuser von Schönenberg hinter uns, und das asphaltierte Sträßchen führt durch einen schönen Wiesengrund mit Blick auf Schönau. Nach 2 Std. 8 Min. sind wir bei den ersten Häusern von dem kleinen Flecken Entenschwand (670 m). **Achtung!** Nach dem zweiten Haus links wandern wir links auf einem nicht asphaltierten Weg, der die ersten 50 m asphaltiert ist, über schöne Bergwiesen ziemlich steil abwärts. Nach 2 Std. 14 Min. sind wir im Talgrund und gehen fast eben geradeaus weiter, mit schönem Blick zum Staldenkopf und zum Hochgescheid. Rechts ist ein Golfplatz. Es geht an einer Wassertretstelle mit einem schönen Pavillon und einem Kinderspielplatz vorbei. Nach 2 Std. 20 Min. sind wir wieder bei unserem Parkplatz am Haldsmattbach angelangt.

Gehzeit und Steigung:
Reine Gehzeit: 2 Std. 20 Min. (10 km)
Höhendifferenz: 380 m

Abkürzung:
Auf der asphaltierten Wildböllenstraße wandert man nach 1 Std. 20 Min. direkt nach Schönenberg hinab.
Gehzeit: 1 Std. 55 Min. (8 km)
Höhendifferenz: 380 m

Verlängerung:
Vom Mittelbühl kann man auf dem Höhenzugangsweg (Wz. blauer Rhombus) zum Belchen hochsteigen (1414 m; Einkehrmöglichkeit im „Berghotel", montags Ruhetag; Selbstbedienung; keine Betriebsferien; Tel. 07673/281). Vom Belchen wandert man am besten auf demselben Weg zurück bis zu einer Weggabelung unterhalb des Rabenfelsens, 10 Min. vor der Wegkreuzung beim Mittelbühl, wo man dann nach rechts über die Weiden zur Unteren Stuhlsebene absteigt, Richtung „Schönenberg".
Gehzeit: 4 Std. 45 Min. (20 km)
Höhendifferenz: 840 m

Kunsthistorischer Hinweis:
In **Schönau** in der katholischen Pfarrkirche „Himmelfahrt Mariä" (1907 erbaut) ist ein spätgotischer Marienaltar aus dem 16. Jh. zu sehen.

Einkehrmöglichkeiten:
Unterwegs: In **Schönenberg** Landgasthof „Beckerhof" (montags Ruhetag; Betriebsferien nicht festgelegt; Tel. 07673/542) und Gasthaus „Zum Sternen" (dienstags Ruhetag; Betriebsferien nicht festgelegt; Tel. 07673/932062). Nahe dem **Ausgangspunkt** unserer Wanderung, in **Schönau**, laden zahlreiche Gaststätten zur Stärkung und Erfrischung ein.

Empfohlene Wanderkarten:
1. Atlasco-Wanderkarten 1:30.000, Nr. 212, 215, 217 oder 222
2. Atlasco-Wanderkarte 1:15.000, Nr. 245
3. Kompass-Wanderkarte 1:30.000, Nr. 891
4. Schwarzwaldvereinskarte 1:50.000, Blatt 8 (Belchen–Wiesental)
5. Schwarzwaldvereinskarte 1:35.000, (Feldberg–Belchen–Schluchsee)
6. Wanderkarte „Todtnauer Ferienland", 1:30.000, herausgegeben von der Kurdirektion 79674 Todtnau

Rund um das Aiternbachtal

Eine wunderschöne, 3-stündige und sehr aussichtsreiche Rundwanderung im Gebiet östlich des Belchens. Sie kann zu jeder Jahreszeit empfohlen werden, wenn kein Schnee liegt. An sehr heißen Tagen sollte man wegen des Aufstieges von Aitern die Wanderung am Vormittag oder am frühen Morgen beginnen. Nur 30 Minuten führt die Wanderung über asphaltierte Wege mit fast keinem Verkehr, sonst ausschließlich über nicht asphaltierte Holzabfuhrwege und Fußpfade. Aufgrund der prachtvollen Aussicht kann diese Wanderung nur wärmstens empfohlen werden.

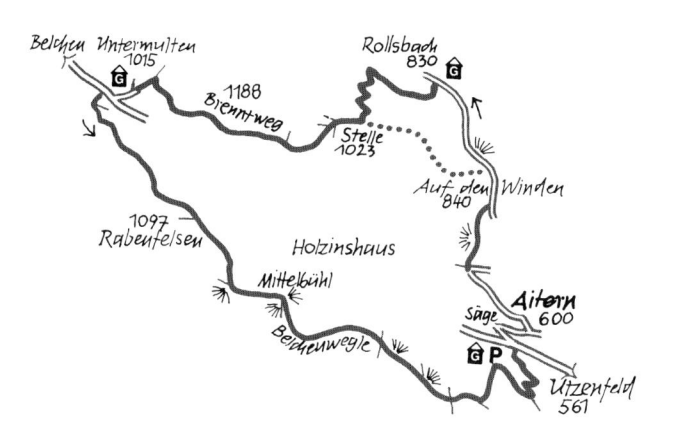

Zufahrt:
Bei der Anfahrt von Freiburg fährt man am besten über den Notschrei nach Todtnau, dann auf der B 317 Richtung „Lörrach" talauswärts. 5 km nach Todtnau biegen wir von der B 317 rechts ab und fahren durch das Aiternbachtal aufwärts Richtung „Multen, Belchen". Wir durchqueren das kleine Dörflein Aitern und fahren das Tal weiter aufwärts. 6,3 km nach der B 317 (45 km von Freiburg) kommen wir nach Untermulten, das zur Gemeinde Aitern gehört, und finden dort genügend Parkmöglichkeiten. Von der Autobahn Karlsruhe–Basel (A 5) wählt man die Ausfahrt Bad Krozingen, fährt dann Richtung „Staufen–Schönau" durch das Münstertal bis zur Passhöhe Wiedener Eck. Von dort fährt man dann rechts weiter Richtung „Belchen" bis nach Untermulten, das man 38 km nach der Autobahn erreicht hat. Die Wanderung kann sowohl in Untermulten begonnen werden wie auch in Aitern beim Gasthof „Rössle".

Anfahrt mit öffentlichem Verkehrsmittel:
Bus: Linie 7215 (SBG), Freiburg–Todtnau–Belchen,
　　　Haltestelle Untermulten.
　　　Beginn der Rundwanderung auch bei der Haltestelle Aitern-„Rössle" möglich.

🥾 Wanderung:

Min. Von dem Parkplatz beim Hotel-Restaurant „Belchen-Multen" (1015 m) gehen wir zur gegenüberliegenden Café-Pension „Waldpeter" und verlassen hier die asphaltierte Straße. Wir lassen das Haus „Waldpeter" mit seiner Liegewiese links liegen und folgen dem Wegweiser „Neuenweg–Belchen–Schönenberg–Schönau" auf einem geschotterten Weg, der eben in den Wald hineinführt. Nach 7 Min. gehen wir bei einer Weggabelung halb links aufwärts Richtung „Schönenberg–Schönau" und **nicht** nach links den unteren Weg Richtung „Aitern". Der Weg ist mit Gras bewachsen und gut zu finden. Der angenehme Grasweg geht durch Mischwald leicht aufwärts. Nach 20 Min. stoßen wir auf einen breiten Weg (1070 m) und gehen diesen links durch Mischwald abwärts Richtung „Schönau", jetzt dem Wz. blauer Rhombus folgend. Der Weg führt unterhalb des Rabenfelsens (1097 m) entlang. Nach 25 Min. kommen wir aus dem Wald heraus und haben einen schönen Blick zum Zeller Blauen sowie auf die Berge südlich des Wiesentales, später auch zum Köhlgarten und zum Belchen. Kurz danach kommen wir in der schönen Bergwiese an eine Weggabelung und gehen hier links Richtung „Schönau"
35 weiter abwärts. Nach 35 Min. sind wir bei der Wegkreuzung beim Mittelbühl (950 m) und treffen hier auf die beschriebene Rundwanderung Nr. 254 „Rund um Schönenberg", über die wir unsere Wanderung verlängern können (siehe **Verlängerungen**).

Unsere Rundwanderung führt hier jedoch geradeaus weiter Richtung „Schönau", dem Wz. blauer Rhombus sowie dem Wegweiser „Aitern" folgend. Nach kurzer Walddurchquerung hat man von einer Weide, die mit Wacholderbüschen und Birken durchsetzt ist, einen sehr schönen Blick nach Osten. Nach 42 Min. haben wir von einer Bank auf einem Bergsattel einen besonders schönen Rundblick und sehen rechts den Zeller Blauen, links den Rollspitz und den Knöpflesbrunnen. Links unten sehen wir die kleine Siedlung Holzinshaus, die auch zu Aitern gehört. Kurz darauf geht

Blöpfling mit Gschwa

Unterrollsbach

unser wunderschöner Fußweg im Mischwald abwärts. Nach 47 Min. überqueren wir einen Weg, der links nach Holzinshaus führt, und gehen geradeaus weiter, dem Wz. folgend. Nach 52 Min. gehen wir bei einer Weggabelung geradeaus weiter abwärts Richtung „Aitern–Schönau", dem Wz. blauer Rhombus nach und haben bald darauf einen sehr schönen Blick auf das kleine Dörfchen Aitern sowie auf Utzenfeld und Gschwend. Dahinter sehen wir das Hasenhorn, den Gisiboden, den Blößling und das Herzogenhorn. Kurz darauf überqueren wir einen breiteren Holzabfuhrweg und gehen auf dem schönen, schmalen Fußpfad am Waldrand weiter abwärts, gut gekennzeichnet durch das Wz. Es geht nach 1 Std. Wanderzeit wieder auf dem prachtvollen Fußpfad – Belchenwegle genannt – in den Buchenwald hinein, an schönen Felsen vorbei. **Achtung!** Nach 1 Std. 5 Min. Gehzeit, kurz bevor wir zu einer kleinen Waldwiese kommen, verlassen wir den Höhenzugangsweg (Wz. blauer Rhombus), der nach Schönau führt, und gehen bei einer schönen, alten Eiche links abwärts Richtung „Aitern". Der schmale, grasbewachsene Pfad führt durch Buchenwald steil abwärts. 2 Min. später macht der Weg eine starke Linkskurve und geht noch steiler abwärts. Nach 1 Std. 10 Min. kommen wir auf einen breiten, nicht asphaltierten Wirtschaftsweg und gehen diesen nach rechts Richtung „Aitern". 2 Min. später macht unser Wirtschaftsweg wieder eine starke Linkskurve – geradeaus ist eine Schranke – und wir gehen hier links Richtung „Sportplatz Aitern". Kurz danach kommen wir beim Sportplatz aus dem Wald heraus und gehen zunächst geradeaus, dann rechts hinter dem Tor vorbei, und am Ende des Sportplatzes bei einer Bank links abwärts. Der schmale Fußpfad führt jetzt am Waldrand entlang ziemlich steil abwärts. Unter uns liegt die Wassertretstelle am Aiternbach; kurz vor dem Aiternbach ist links ein Bergwerkstollen, wo man seit dem 14. Jh. Silber und Blei gewonnen hat. Nach 1 Std. 20 Min. haben wir das kleine Dörfchen Aitern (600 m) erreicht, unmittelbar beim Gasthaus „Rössle" (Einkehrmöglichkeit). Wenige Meter rechts finden wir eine Informationstafel mit Wandervorschlägen. Wir gehen jetzt in Aitern die Straße links aufwärts, am Gasthaus „Rössle" vorbei. Nach dem Gasthaus gehen wir rechts

*Fernblick v.l.
Herzogenhorn, Hohe Möhr, Zeller Blauen*

den asphaltierten „Schulweg" in Serpentinen ziemlich steil aufwärts durch Wiesen mit Obstbäumen. 5 Min. nach dem Gasthaus sind wir bei der Schule und Gemeindeverwaltung von Aitern, die auf ihrem Wappen zwei Hämmer als Zeichen des früheren Bergbaus zeigt. 1 Min. später stoßen wir auf die Bergstraße, über die die Verbindungsstraße zwischen Aitern und Rollsbach verläuft, und gehen diese rechts aufwärts, an schönen Bauernhöfen vorbei. Nach wenigen Schritten, bei einer Weggabelung, bleiben wir auf der asphaltierten Bergstraße, die hier eine Linkskurve macht, und gehen weiter aufwärts. Bei einem der Bauernhöfe ist ein Brunnen, an dem wir uns während des steilen Aufstieges erfrischen können. Bald sehen wir links den kleinen Weiler Holzinshaus, geradeaus den bewaldeten Berg Brenntkopf (1188 m), an dessen Südosthang der letzte Teil unsere Wanderung entlangführt. Nach 1 Std. 36 Min. sind wir bei den letzten Häusern von Aitern; geradeaus sehen wir den Belchen. Wir verlassen die Asphaltstraße bei einer Rechtskurve und wandern geradeaus Richtung „Rollsbach" auf einem nicht asphaltierten Weg ziemlich steil aufwärts über Weiden, an einem Wasserreservoir vorbei. Nach 1 Std. 50 Min. haben wir bei der Passhöhe „Auf den Winden" (840 m; Unterstehhütte mit Grillplatz) die Verbindungsstraße Aitern–Rollsbach wieder erreicht. Wir finden hier auch noch einen alten Baumstumpf von einer riesigen Weidbergbuche, die 250 Jahre alt war und einen Stammumfang von 5 m hatte.

Das asphaltierte Sträßchen geht jetzt leicht abwärts über Weiden mit schönem Blick zum Knöpflesbrunnen und zum Trubelsmattkopf. 2 Min. nach dem Pass geht ein nicht asphaltierter Weg links ab Richtung „Multen", auf dem wir unsere Wanderung abkürzen können (siehe **Abkürzung**). Wir gehen jedoch wegen des schönen Rollsbachtales auf dem asphaltierten Sträßchen geradeaus abwärts und erblicken schon die ersten Häuser von Wieden im Ortsteil Graben. Tief unten rechts im Tal sehen wir die Häuser von Königshütte, die zu Utzenfeld gehören. Das asphaltierte Sträßchen führt jetzt fast eben über besonders schöne Wiesen mit einzelnen Tannen, Weiden und Buchen. Nach 2-stündiger Wanderung kommen wir aus dem Wald heraus; vor uns liegen die Häuser von Unterrollsbach in dem wirklich abgelegenen Rollsbachtal, darüber der Rollspitz. Etwas später sehen wir links die beiden Höfe von Oberrollsbach. Nach 2 Std. 3 Min. sind wir beim ersten Bauernhaus (830 m) von Unterrollsbach und gehen hier links von der Asphaltstraße ab auf einen schmalen, nicht asphaltierten Wirtschaftsweg ziemlich steil aufwärts Richtung „Multen". – In Unterrollsbach haben wir die Möglichkeit zu einer preiswerten Einkehr im Gasthaus „Auerhahn" und berühren hier auch die beschriebene Rundwanderung Nr. 198 „Rund um Wieden". – Unten rechts sehen wir die Kapelle, die einsam in einer Wiese liegt. 2 Min. nach dem Bauernhaus kommen wir an eine Weggabelung und gehen geradeaus weiter Richtung „Multen–Brenntkopf" auf einem grasbewachsenen Weg mit prachtvollem Blick auf das schöne Rollsbachtal. Kurz darauf gehen wir bei einer Weggabelung geradeaus weiter, ebenso bei einer weiteren Weggabelung am Waldrand, jetzt wieder über Wiesen. Nach 2 Std. 12 Min. sind wir unweit der beiden Bauernhöfe von Oberrollsbach und kommen auf einen breiteren Wirtschaftsweg, den wir links aufwärts wandern.

Achtung! Nach etwa 10 m verlassen wir den breiten Wirtschaftsweg, der hier eine Rechtskurve macht, und gehen über die Wiese zur Waldecke geradeaus aufwärts. Nach wenigen Schritten haben wir die Waldecke erreicht, und finden hier das Hinweisschild „Anna-Harald-Wetzel-Wegle". Wir folgen dem Wegweiser und gehen zunächst am Waldrand entlang. Nach 2 Std. 18 Min. verlässt unser Pfad den Waldrand, und es geht im Wald aufwärts. Wir halten uns hier beim Waldeintritt zunächst etwas links. Der Pfad („Anna-Harald-Wetzel-Wegle") führt in Serpentinen ziemlich steil aufwärts, hauptsächlich durch Buchenwald, z.T. auch durch Nadelwald. Nach 2 Std. 25 Min. kommen wir aus dem Wald heraus und haben nach wenigen Schritten über die Weide aufwärts die Höhe Stelle (1023 m) erreicht, wo wir einen prachtvollen Rundblick genießen: Geradeaus ist der Brenntkopf, auf der anderen Talseite der Rabenfelsen, tief unten liegt Aitern und auf der anderen Talseite des Wiesentales erblickt man das Herzogenhorn, den Hochgescheid, den Rohrenkopf, die Hohe Möhr und dieser gegenüber den Zeller Blauen. Von links stößt der

Abkürzungsweg von der Passhöhe „Auf den Winden" wieder auf unsere Rundwanderung. Wir wandern hier nach rechts über Bergwiesen weiter aufwärts Richtung „Multen". Wir sehen auf der anderen Seite des Aiternbachtales fast die ganze Wegstrecke, die wir von Multen nach Aitern zurückgelegt haben. Nach 2½-stündiger Wanderung sind wir am Waldrand (1040 m) und kommen hier auf die Skilanglaufspur, die vom Lückle hierherführt. Wir nehmen hier den mittleren Weg, der halb rechts leicht aufwärts in den Wald Richtung „Multen–Belchen" führt. Der breite Holzabfuhrweg, den wir jetzt durch Nadelwald aufwärts gehen, heißt Brenntweg, da er am Südhang des Brenntkopfes (1188 m) entlangzieht. Nach 2 Std. 38 Min. bei einer Weggabelung gehen wir geradeaus weiter aufwärts Richtung „Multen". Bald führt der Weg eben durch Mischwald weiter. **Achtung!** Nach 2 Std. 45 Min. Gehzeit verlassen wir den breiten Weg, der übers Lückle zum Wiedener Eck zieht, – wir sind hier beim höchsten Punkt unserer Rundwanderung (1090 m) – und gehen links abwärts nach „Multen" auf einem grasbewachsenen Weg. Man verfehle hier den Abgang nicht! Nach 2 Std. 53 Min. sind wir im wunderschönen Hinterstgrundbachtal (1012 m), überqueren den Bach und kommen auf den breiten Talweg. Hier im Hinterstgrundbachtal sind wir auf der beschriebenen Rundwanderung Nr. 200 „Vom Wiedener Eck zum Belchen". Wir gehen auf dem Talweg nach links Richtung „Multen", an zwei schönen Bauernhöfen vorbei. Kurz danach geht es am Gästehaus „Sonne" vorbei und wir kommen dann nach wenigen Schritten zur Belchenstraße, die von Schönau auf den Belchen führt. Wir gehen diese nach rechts aufwärts, und haben kurz danach nach 3-stündiger Wanderung unseren Parkplatz in Multen wieder erreicht.

Gehzeit und Steigung:
Reine Gehzeit: 3 Std. (13 km)
Höhendifferenz: 580 m

Abkürzung:
Von dem Pass „Auf den Winden" geht man nach links direkt hoch Richtung „Multen–Belchen" und stößt dann bei der Höhe Stelle wieder auf die beschriebene Rundwanderung.
Gehzeit: 2 Std. 40 Min. (11 km)
Höhendifferenz: 560 m

Verlängerungen:
a) Vom Mittelbühl aus folgt man der beschriebenen Rundwanderung Nr. 254 „Rund um Schönenberg" und nimmt dann in der Ortschaft Schönenberg den Weg, der mit dem Wz. gelber Balken bezeichnet ist und Richtung „Schönau" verläuft, bis man beim Farnbühl oberhalb von Schönau links abgeht Richtung „Aitern", und dann kurz vor dem Sportplatz von Aitern wieder auf die beschriebene Rundwanderung stößt.
Gehzeit: 4 Std. (17 km)
Höhendifferenz: 620 m

b) Bei der Kapelle von Unterrollsbach geht man rechts eben auf dem Moosbachweg nach Laitenbach, einem Ortsteil von Wieden (Einkehrmöglichkeit). Zurück nimmt man den Parallelweg, der etwas oberhalb des Moosbachweges direkt nach Oberrollsbach verläuft, und steigt dann beim zweiten Hof von Oberrollsbach zur Höhe Stelle auf dem beschriebenen Weg hoch.
Gehzeit: 4 Std. (17 km)
Höhendifferenz: 710 m
Man kann natürlich auch diese beiden Verlängerungsmöglichkeiten kombinieren, wodurch sich eine 5-stündige Wanderung ergibt.

Einkehrmöglichkeiten:
Unterwegs: In **Aitern** das Gasthaus „Rössle" (Ruhetag montags; keine Betriebsferien; Tel. 07673/280). In **Unterrollsbach** der Gasthof „Auerhahn" (Ruhetag donnerstags; Betriebsferien nicht festgelegt, meistens im November oder Dezember; Tel. 07673/309). Am **Ausgangspunkt** unserer Wanderung in **Untermulten** Gasthof „Jägerstüble" (kein Ruhetag; Betriebsferien vom 1. Wochenende nach Ostern bis 14 Tage vor Pfingsten; Tel. 07673/7255). Ferner das Hotel-Restaurant „Belchen-Multen" (im Sommer kein Ruhetag; im Winter mittwochs Ruhetag; Betriebsferien von Mitte November bis Mitte Dezember; Tel. 07673/209) und die Café-Pension „Waldpeter" (montags und dienstags Ruhetag; Betriebsferien vom 10. November bis 19. Dezember; Tel. 07673/7417).

Empfohlene Wanderkarten:
1. Atlasco-Wanderkarten 1:30.000, Nr. 212, 215, 217 oder 222
2. Atlasco-Wanderkarte 1:25.000, Nr. 214
3. Atlasco-Wanderkarte 1:15.000, Nr. 245
4. Kompass-Wanderkarte 1:30.000, Nr. 891
5. Schwarzwaldvereinskarte 1:50.000,
   Blatt 8 (Belchen–Wiesental)
6. Schwarzwaldvereinskarte 1:35.000,
   (Feldberg–Belchen–Schluchsee)
7. Wanderkarte „Todtnauer Ferienland", 1:30.000, herausgegeben von der Kurdirektion 79674 Todtnau

Rund um den Sengalenkopf

Eine 5-stündige, sehr schöne Rundwanderung, die von Präg zunächst das untere Prägbachtal bis Geschwend abwärts führt und dann zum Gisiboden hoch. Von dort führt die Wanderung durch das obere Prägbachtal abwärts; besonders schön ist die Strecke nach der Wachtbrücke, durch die teilweise enge Schlucht nach Präg zurück. Ganz besonders empfehlenswert ist die Wanderung im Oktober zur Zeit der Laubfärbung, wenn man oft vom Gisiboden eine wunderbare Alpensicht hat. Leider führt die Wanderung 1 Std. 20 Min. über asphaltierte Sträßchen, sonst aber über sehr schöne Bergpfade und nicht asphaltierte Wirtschaftswege. Im Winter bei Schnee ist natürlich von der Wanderung abzuraten.

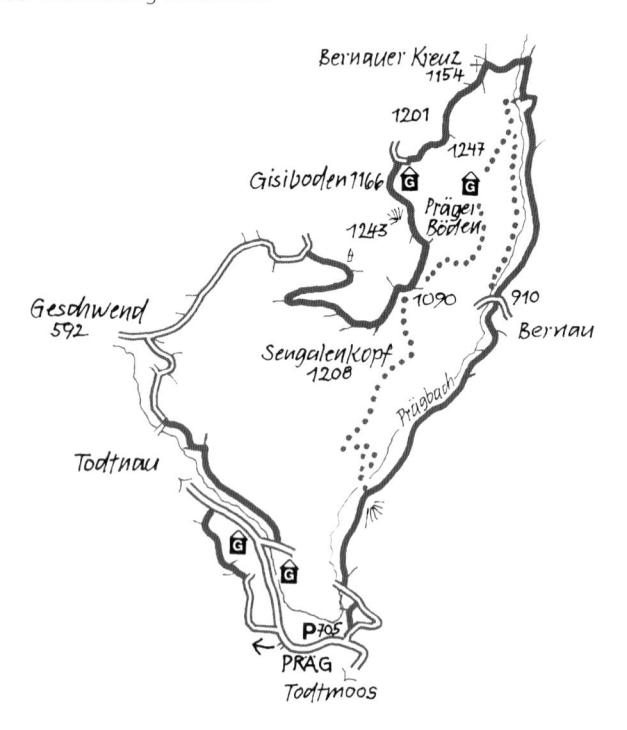

🚗 Zufahrt:

Von Freiburg fährt man über Kirchzarten, Notschrei nach Todtnau und dann auf der B 317 Richtung „Schönau". Von Basel, bzw. von der Autobahn Karlsruhe–Basel (A 5), Autobahndreieck Weil, fährt man über Lörrach, dann auf der B 317 Richtung „Todtnau". In Geschwend, 3 km südlich von Todtnau – von Freiburg 36 km, von Lörrach 35 km – biegt man von der B 317 ab Richtung „Präg–Todtmoos–St. Blasien". 3,3 km nach Geschwend, beim Gasthaus „Hirschen" fährt man geradeaus Richtung „Präg–Todtmoos". 4,1 km nach der B 317 finden wir in der Ortsmitte von Präg beim ehemaligen Rathaus einen Parkplatz, wo unsere Rundwanderung beginnt. Falls hier kein Parkplatz mehr frei sein sollte, fährt man 200 m weiter und findet einen weiteren, großen Parkplatz beim Gemeindehaus. In der Ortsmitte von Präg beginnt auch die beschriebene Rundwanderung Nr. 257 „Rund um Präg".

Anfahrt mit öffentlichem Verkehrsmittel:
Bus: Linie 7215 (SBG), Freiburg–Todtmoos
Haltestelle Präg, ehemaliges Rathaus.

Wanderung:
Vom Parkplatz (700 m), wo wir auch zwei Orientierungstafeln finden, wandern wir die Landstraße talauswärts. 1 Min. später verlassen wir die Landstraße und wandern nach links den asphaltierten Seeweg aufwärts. Das erste Haus rechts ist ein über 280 Jahre altes Bauernhaus (ohne Kamin), das unter Denkmalschutz steht und nicht mehr bewohnt ist. Nach 4 Min. geht es am letzten Haus von Präg vorbei und hier beginnt das Naturschutzgebiet „Gletscherkessel Präg", in dem fast unsere ganze Rundwanderung verläuft. Wir wandern am ersten See entlang, der leider, wie auch die beiden anderen Seen, im Sommer meistens ausgetrocknet ist. Nach 8 Min. führt die Wanderung unterhalb einer ungeheuer steilen Geröllhalde entlang und kurz darauf geht es am nächsten See vorbei. Unter der Geröllhalde hat man bei Grabungen im Sommer in 1–3 m Tiefe Eisklumpen gefunden. Vor uns erhebt sich der Sengalenkopf (1208 m), um den unsere Rundwanderung herumführt. Wenige Schritte danach sind wir beim dritten See, in einer besonders schönen Wiesenlandschaft gelegen. Nach 13 Min. gehen wir bei einer Weggabelung nach links Richtung „Rundweg" und die Asphaltdecke hört hier auf. Nach 16 Min. führt der Weg in den Wald hinein zuerst aufwärts, dann wieder abwärts, durch einen schönen Laubwald. Nach 20 Min. Wanderzeit gehen wir bei einer Wegkreuzung halb rechts abwärts (Wegweiser „Rundweg"). Kurz danach zweigt der „Rundweg" rechts ab und wir bleiben hier auf dem breiteren Weg, der abwärts führt Richtung „Außendorf". Bei einer Weggabelung, oberhalb von zwei kleinen Teichen, gehen

Prägmit Hochkopf

wir geradeaus abwärts weiter. Kurz danach verlassen wir den breiten Weg und gehen nach rechts am Waldrand auf einem ganz schmalen Pfad Richtung „Außendorf". Der schmale Pfad führt kurz bergan, dann eben und nachher abwärts über eine schöne Bergwiese mit Blick auf die Bergkette zwischen Blößling und Hochkopf. Wir kommen bei dem Gästehaus Seybold zur Landstraße (Geschwendstraße) und haben nach einer ½-stündigen Wanderung den Gasthof „Hirschen" (654 m; Einkehrmöglichkeit) erreicht. Bei einer Straßengabelung beim Gasthof gehen wir wenige Meter nach links Richtung „Bernau, Wacht" auf der Landstraße weiter, an einem Forsthaus vorbei. 5 Min. nach dem Gasthof verlassen wir die Landstraße und gehen nach links Richtung „Geschwend" auf einem schönen, nicht asphaltierten Weg, etwas oberhalb des Prägbaches mit schönen Ausblicken auf die Talaue. Nach 48 Min. geht unser Weg bergan und wir sehen geradeaus das Hasenhorn (1156 m), etwas weiter links die Höhen beim Knöpflesbrunnen. 1 Min. später gehen wir bei einer Weggabelung links abwärts Richtung „Geschwend" über schöne Bergwiesen von Wäldern umrahmt. Nach wenigen Schritten sind wir bei der nächsten Weggabelung und gehen hier nach rechts Richtung „Geschwend" an einer Hütte (Unterstehmöglichkeit) vorbei. Nach 56 Min. kommen wir unweit des Prägbaches wieder zu einer Weggabelung (630 m) und gehen hier geradeaus weiter am Bach entlang Richtung „Geschwend" auf einem landschaftlich sehr schönen, aber leider asphaltierten Weg. Nach 1-stündiger Wanderung führt unser asphaltierter Weg wieder etwas bergan und wir sehen auf der anderen Seite des Wiesentales den Belchen. Bald darauf befinden sich oberhalb des Weges ein Brunnen (**kein** Trinkwasser) sowie ein Kneippbecken und wir haben von hier einen prachtvollen Blick auf das Prägbachtal, auf Geschwend und zum Belchen. Nach 1 Std. 5 Min. sind wir bei einer Weggabelung und wandern geradeaus weiter auf dem asphaltierten Weg Richtung „Geschwend".

Nach wenigen Schritten überqueren wir den Gisibodenbach (620 m) und wandern auf dem Weg durch Wiesen eben

Geschwend mit Belchen

weiter. Nach 1 Std. 13 Min. haben wir die ersten Häuser von Geschwend (630 m) erreicht und gehen jetzt im spitzen Winkel nach rechts die asphaltierte Gisibodenstraße aufwärts mit schönen Ausblicken in das Prägbachtal und das Gisibodenbachtal. Die Straße führt durch schönen Mischwald am Gisibodenbach entlang stetig aufwärts. Nach 1 Std. 33 Min. überqueren wir den Gisibodenbach (750 m) unterhalb des Brenntfelsens. Bei Weggabelungen bleiben wir auf dem asphaltierten Sträßchen und gehen dieses immer geradeaus aufwärts. Nach 1 Std. 41 Min. wandern wir bei einer Kehre in einer kleinen Waldwiese bei der Weggabelung auf dem asphaltierten Sträßchen weiter Richtung „Präger Böden, Gisiboden". Nach 1 Std. 46 Min. überqueren wir wieder das Glashüttenmoosbächle und gehen gleich danach bei einer Weggabelung auf dem asphaltierten Weg

43 weiter aufwärts. 2 Min. später verlassen wir die asphaltierte Gisibodenstraße (850 m) und wandern auf einem nicht asphaltierten Weg Richtung „Präger Böden" in dem schönen Mischwald aufwärts, unterhalb der Brennthalde, an einer Schranke vorbei. Nach 1 Std. 56 Min. sind links eine einsame Hütte (900 m; „Villa Waldfriede"), unter deren Vordach man unterstehen kann, sowie ein erfrischender Brunnen. Hier überqueren wir wieder das Bächle und unser breiter Weg führt weiter bergauf an der schönen Waldwiese Glashüttenmoos vorbei. Nach 2 Std. 8 Min. macht unser breiter Weg eine große Linkskehre und wir bleiben bei der Weggabelung auf dem breiten Wirtschaftsweg und gehen Richtung „Präger Böden" weiter am Osthang des Sengalenkopfes entlang. Bei weiteren Weggabelungen gehen wir immer geradeaus auf dem breiten Weg weiter aufwärts durch den schönen Mischwald. Nach 2 Std. 20 Min. sind wir am oberen Rande der Glashüttenmooswiese und gehen weiter auf dem breiten Weg geradeaus aufwärts. Nach

42 2½-stündiger Wanderung haben wir den Bergsattel Glashüttenmoos (1090 m) zwischen dem Sengalenkopf (1208 m) und dem Brenntkopf (1243 m), erreicht. – Hier können wir unsere Rundwanderung abkürzen, indem wir nach rechts auf dem Sengalenhaldenweg nach Präg hinabwandern (Wz. liegendes, blaues Dreieck; siehe **Abkürzungen**). – Hier kreuzen wir auch die beschriebene Rundwanderung Nr. 203 „Rund um das Hasenhorn und den Gisiboden".
Unsere Wanderung führt vom Glashüttenmoos geradeaus weiter Richtung „Gisiboden" auf dem Grabenweg aufwärts. 3 Min. nach dem Bergsattel gehen wir bei einer Weggabelung links steil aufwärts auf einem grasbewachsenen Weg Richtung „Gisiboden". – Auf dem rechten Weg können wir über die Präger Böden (Einkehrmöglichkeit) unsere Rundwanderung ebenfalls abkürzen (siehe **Abkürzungen**). – Nach 2 Std. 38 Min. erreichen wir eine Waldwiese und kurz darauf eine Weggabelung, wo wir links am Waldrand entlang an der Südostseite des Brenntkopfes (1243 m) weiter aufwärts steigen. Nach 2 Std. 42 Min. verlassen wir bei einer Waldecke den stark grasbewachsenen Weg, gehen über einen Drahtzaun in die Weide und wandern am Drahtzaun weiter

Sengalenkopf

links aufwärts, am Waldrand entlang. Nach 200 m verlassen wir den Waldrand und gehen jetzt auf einem Wiesenweg rechts quer über die Wiese zur Höhe. Nach rechts haben wir bei guter Fernsicht einen sehr schönen Blick nach Süden zum Schweizer Jura und auf die Berner Alpen. Nach 2 Std. 49 Min. haben wir die Höhe (1215 m) zwischen dem Brenntkopf und dem Gisibodenkopf – den höchsten Punkt unserer Wanderung – erreicht und gehen über die wunderschöne Bergwiese geradeaus abwärts auf einem Wiesenweg. Geradeaus sehen wir im Norden die Häuser von Todtnauberg und Muggenbrunn, bald darauf auch den Belchen, den Stübenwasen und den Köhlgarten. Nach knapp 3-stündiger Wanderung haben wir den Berggasthof „Gisiboden" (1166 m; Einkehrmöglichkeit) erreicht. Nach dem Gasthof gehen wir den breiten Weg aufwärts Richtung „Bernauer Kreuz" (Wz. blauer Rhombus) an einer Schranke vorbei. 15 Min. verläuft unsere Wanderroute auf der beschriebenen Rundwanderung Nr. 204 „Vom Gisiboden zum Herzogenhorn", sowie auf der Rundwanderung Nr. 203 „Rund um das Hasenhorn und den Gisiboden". Nach 3 Std. 3 Min. erreichen wir einen Bergsattel (1201 m) und gehen bei einer Weggabelung links abwärts Richtung „Feldberg", dem Wz. blauer Rhombus nach. Halb rechts sehen wir die Spießhörner und das Herzogenhorn. Nach 3 Std. 13 Min. gehen wir bei einer Weggabelung geradeaus weiter Richtung „Feldberg". 2 Min. später sind wir bei einer Wegkreuzung auf dem Bergsattel Bernauer Kreuz (1154 m). Hier gehen wir rechts abwärts Richtung „Hofeck, Bernau", dem Wz. blauer Rhombus nach. Nach 3 Std. 20 Min. erreichen wir den Prägbach (1100 m) und wandern hier nach der Brücke rechts abwärts, Richtung „Präg". Wir folgen zunächst weiterhin dem Wz. blauer Rhombus; rechter Hand rauscht der Prägbach über mehrere Felsen talauswärts und bildet an manchen Stellen schöne Wasserfälle. Nach 3 Std. 22 Min. gehen wir bei einer Weggabelung weiter geradeaus abwärts Richtung „Präg" und verlassen jetzt den Weg mit dem Wz. blauer Rhombus. **Achtung!** Nach 3 Std. 26 Min. macht unser breiter Weg eine starke Rechtskurve. Wenige Meter danach verlassen wir den breiten Weg, der Richtung „Präg" ausgeschildert ist, und gehen hier im spitzen

Winkel nach links den Wegweisern „Wacht", „Bernau" und „Prägbachtal" folgend. **Achtung!** 100 m später verlassen wir den Weg, der geradeaus führt, und gehen **rechts** abwärts Richtung „Prägbachtal". Der Abgang ist nicht zu verfehlen, wenn auch der Weg nicht sehr gepflegt ist. Er ist stets mit Gras bewachsen, und z.T. auch etwas sumpfig. Wir haben einen schönen Blick zu den Präger Böden mit dem Gasthaus „Präger Böden". Nach 3 Std. 32 Min. wird der Weg etwas breiter und fester und führt uns weiter durch einen sehr schönen Mischwald mit den verschiedensten Baumarten, bergab. Nach 3 Std. 38 Min. gehen wir bei einer Weggabelung geradeaus weiter abwärts teilweise über sehr schöne Bergwiesen unweit des Prägbaches. Nach 3 Std. 45 Min. führt unser schöner Weg wieder in den Mischwald hinein und verläuft immer etwas oberhalb des munter plätschernden Prägbaches. 3 Min. später kommen wir an einen kleinen Stauweiher, der jedoch größtenteils verlandet ist. Nach 3 Std. 53 Min. erreichen wir die Landstraße Geschwend–Bernau bei der Wachtbrücke (910 m), gehen 50 m die Straße nach links, und wandern dann einen schönen Fußpfad rechts abwärts den Wegweisern „Präg" und „Prägbachtal" folgend (Wz. auf der Spitze stehendes, blaues Dreieck) immer unweit des Prägbaches.

Der Weg führt jetzt ziemlich steil über Geröll abwärts. 2 Min. später kommen wir auf einen breiteren Weg und gehen diesen geradeaus, sehr angenehm, abwärts Richtung „Präg". Bei Weggabelungen bleiben wir immer auf dem breiten Talweg und gehen diesen geradeaus talauswärts fast immer am Prägbach entlang oder nicht weit davon entfernt. Nach 4 Std. 5 Min. lohnt es sich, einen Blick rechts hinab in die schmale Schlucht zu werfen, durch die der Prägbach sich hindurchwindet. Nach 4 Std. 8 Min. gehen wir bei einer Weggabelung weiter geradeaus auf dem Talweg Richtung „Präg". Nach 4 Std. 15 Min. passieren wir eine Schranke und überqueren gleich danach den Prägbach. Kurz darauf sind wir an der Landstraße aber 20 m, bevor wir zur Landstraße kommen, biegen wir links ab auf einen Fußsteig Richtung „Präg" und gehen jetzt auf einem wunderschönen Pfad durch die Prägbachschlucht, den interessantesten Teil unserer Rundwanderung, an einem Wasserfall vorbei. Nach 4 Std. 23 Min. kommen wir zu einem breiteren Weg, gehen diesen links über den Prägbach und wandern bei einer kleinen Waldwiese nach rechts auf dem romantischen Talweg Richtung „Präg", am Bach entlang. Nach 4½-stündiger Wanderung verlassen wir den Wald und wandern über eine wunderschöne Bergwiese unterhalb des Sengalenkopfes. Geradeaus sieht man den Skilift bei Herrenschwand und den Hochkopf. 1 Min. später kommt von rechts der Abkürzungsweg vom Glashüttenmoos wieder auf unsere Rundwanderung, der auch mit dem Wz. blaues Dreieck bezeichnet ist. Wir wandern auf dem sehr schönen Wiesenweg geradeaus abwärts durch die wundervollen Talauen des Prägbachtales, an einzeln stehenden Weidebuchen sowie an kleineren oder größeren

Brennetkopf

Felskegeln vorbei. Nach 4 Std. 45 Min. erreichen wir ein asphaltiertes Sträßchen und gehen dieses 250 m nach rechts. Auf einer alten Steinbrücke überqueren wir den Prägbach und gehen gleich danach links auf einem grasbewachsenen Weg (Waldlehrpfad) oberhalb der Prägbachschlucht über Wiesen und durch Wald Richtung „Präg" weiter. Nach 4 Std. 52 Min. folgen wir dem Wegweiser „Ortsmitte" links abwärts, überqueren wieder den Prägbach und gehen jenseits des Baches auf einem Wiesenweg links aufwärts zum ehemaligen Rathaus, das wir nach 5-stündiger Wanderung wieder erreicht haben. – In Präg beginnt auch die Rundwanderung Nr. 257 „Rund um Präg". –

⌚ Gehzeit und Steigung:
Reine Gehzeit: 5 Std. (22 km)
Höhendifferenz: 760 m

⚐ Abkürzungen:
a) Beim Glashüttenmoos nach 2½-stündiger Wanderung geht man nach rechts den Sengalenkopfweg Richtung „Präg" (Wz. liegendes, blaues Dreieck). Diese Abkürzung trifft dann kurz vor Präg im Prägbachtal wieder auf die beschriebene Rundwanderung.
Gehzeit: 3 Std. 50 Min. (17 km)
Höhendifferenz: 590 m

b) Kurz nach dem Glashüttenmoos geht man geradeaus Richtung „Präger Böden", am Gasthaus „Präger Böden" (Einkehrmöglichkeit) vorbei und von dort auf dem asphaltierten Sträßchen zur Wachtbrücke, wo man wieder auf die beschriebene Rundwanderung stößt.
Gehzeit: 4 Std. 20 Min. (19 km)
Höhendifferenz: 670 m

✕ Einkehrmöglichkeiten:
Unterwegs: Berggasthaus „Gisiboden" (Pächterwechsel in der ersten Jahreshälfte 2000; nähere Angaben lagen bei Redaktionsschluss nicht vor). Bei der Abkürzung b) Berggasthaus „Präger Böden" (Ruhetag montags; Betriebsferien von Mitte

November bis Mitte Dezember; Gartenwirtschaft; Tel. 07671/517). In **Präg** Gasthof „Hirschen" (Ruhetag donnerstags; Betriebsferien von Mitte November bis Mitte Dezember; Tel. 07671/296) und 250 m vom Gasthof „Hirschen" entfernt Landhaus-Pension „Sonnenhof" (Ruhetag montags; Betriebsferien im März; Tel. 07671/538).

Empfohlene Wanderkarten und Literatur:
1. Atlasco-Wanderkarten 1:30.000, Nr. 210, 211, 212 oder 217
2. Wanderkarte „Todtnauer Ferienland", 1:30.000, herausgegeben von der Kurverwaltung 79674 Todtnau
3. Kompass-Wanderkarten 1:30.000, Nr. 891 oder 898
4. Schwarzwaldvereinskarte 1:50.000, Blatt 8 (Belchen–Wiesental)
5. Seeger-Karte „Todtmoos", 1:33.000, herausgegeben von der Kurverwaltung 79682 Todtmoos
6. Schwarzwaldvereinskarte 1:35.000, (Feldberg–Belchen–Schluchsee)
7. Informationsblatt Naturschutzgebiet „Gletscherkessel Präg", zu beziehen über Kurverwaltung 79674 Todtnau

Rund um Präg

Eine 4-stündige Rundwanderung zwischen dem Wiesen- und dem Wehratal mit 700 m Höhendifferenz. Das erste Drittel der Rundwanderung ist sehr aussichtsreich. In der Mitte der Wanderung besteht fast keine Aussicht, mit Ausnahme vom Aussichtsturm auf dem Hochkopf. Die Wanderung kann zu jeder Jahreszeit empfohlen werden, außer von Dezember bis Ende März/Anfang April, da dann fast immer Schnee liegt. An heißen Sommertagen sollte man die Wanderung wegen des schattenlosen Anstieges über den Weidelehrpfad morgens beginnen oder den Umweg über den Eulenwald nehmen. Die Wanderung führt über schmale Fußpfade und nicht asphaltierte Holzabfuhrwege, jedoch auch 37 Minuten über Asphaltsträßchen, die fast alle sehr verkehrsarm sind, mit Ausnahme der letzten 7 Minuten auf der Landstraße in Präg.

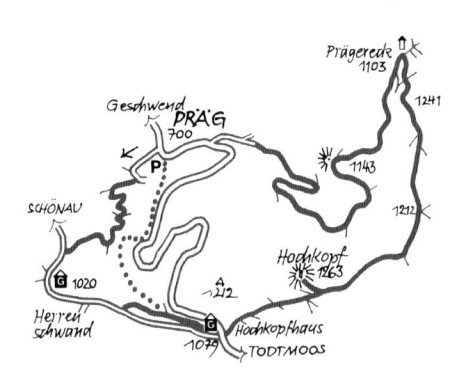

🚗 Zufahrt:
Von Freiburg fährt man über Kirchzarten, Notschrei nach Todtnau und dann auf der B 317 Richtung „Schönau". Von Basel, bzw. von der Autobahn Karlsruhe–Basel (A 5), Autobahndreieck Weil, fährt man über Lörrach, dann auf der B 317 Richtung „Todtnau". In Geschwend, 3 km südlich von Todtnau – von Freiburg 36 km, von Lörrach 35 km – biegt man von der B 317 ab Richtung „Präg–Todtmoos–St. Blasien". 3,3 km nach Geschwend, beim Gasthaus „Hirschen", fährt man halb rechts Richtung „Präg–Todtmoos". Nach 4,3 km ab B 317 finden wir in der Ortsmitte von Präg bei der Bushaltestelle einen schönen Parkplatz, wo auch zwei Übersichtstafeln stehen, darunter eine über den Weidelehrpfad Präg–Herrenschwand, den wir jetzt aufwärts wandern.

🚌 Anfahrt mit öffentlichem Verkehrsmittel:
Bus: Linie 7215 (SBG), Freiburg–Todtmoos
    Haltestelle Präg ehemaliges Rathaus

🥾 Wanderung:
Min. Wir wandern den zunächst asphaltierten Eulenbachweg (700 m) aufwärts Richtung „Herrenschwand". Nach 5 Min. verlassen wir das Eulenbachtal und gehen links den Weide-

v.l.
Stübenwasen · Feldberg
Herzogenhorn · Blößling

lehrpfad aufwärts. Nach 7 Min. verlassen wir das asphaltierte Sträßchen und wandern geradeaus auf dem Weidelehrpfad (Wz. roter Querbalken mit schwarzer Pfeilspitze). Der schöne Wiesenweg führt aufwärts und nach 10 Min. in den Wald. Hier biegen wir im spitzen Winkel nach links ab und nehmen den schmalen Weidelehrpfad, der in Serpentinen über Wiesen aufwärts führt. Durch die Hinweistafeln, die hier aufgestellt sind, erfahren wir Wissenswertes über die Weidewirtschaft in diesem Gebiet. Die Anstrengung des Aufstieges wird durch schöne Ausblicke auf die alten Bauernhäuser von Präg belohnt. Nach 21 Min. überqueren wir einen breiten Holzabfuhrweg bei einer Blockhütte mit Grillmöglichkeit („Kälberweidfelsenhütte") und gehen den Weidelehrpfad – zuerst rechts haltend – weiter in Serpentinen aufwärts. Im Sommer weidet hier meistens Jungvieh, und man muss manchmal kräftig in die Hände klatschen, damit das Vieh uns den Weg frei macht. **Achtung!** Nach 26 Min., mitten auf der Weide, weist uns das Schild des Weidelehrpfades nach links.

Nach 40 Min. passieren wir eine einsam stehende Buche mit einer Holzbank und haben einen schönen Ausblick auf das obere Präger Tal. Nach 47 Min. haben wir die Verbindungsstraße Schönau–Herrenschwand (1025 m) erreicht, und der 2,5 km lange Weidelehrpfad ist zu Ende. Vor uns liegt Herrenschwand, rechts führt der Skilift auf den Hochgescheid, links befindet sich die Bergstation des Präger kiliftes. Wir gehen das Sträßchen nach links zum nahe gelegenen Herrenschwand, das wir nach 52 Min. erreicht haben. – Hier treffen wir auf die Rundwanderungen Nr. 253 „Von Schönau nach Herrenschwand" und Nr. 258 „Zwischen Herrenschwand und Ehrsberg". – Wir durchwandern Herrenschwand (1020 m) auf der alten Dorfstraße, an schönen alten Bauernhäusern und am Gasthaus „Waldfrieden" (Einkehrmöglichkeit) vorbei. Nach wenigen Schritten haben wir den Ort durchquert, und wir treffen wieder auf die Kreisstraße, die wir geradeaus weiterwandern. Nach 1-stündiger Wanderzeit haben wir die zweite Häusergruppe von Herrenschwand (1030 m) erreicht mit einem schönen

Rastplatz. Wir wandern auf der Kreisstraße weiter Richtung „Präg" und haben jetzt einen schönen Blick zum Feldberg und auf die anderen Berge des hinteren Wiesentales. Die Straße führt bald in den Wald und ist teilweise durch das Wz. blauer Rhombus markiert. Nach 1 Std. 7 Min. können wir die asphaltierte Straße verlassen und gehen links unterhalb der Straße dem Wz. blauer Rhombus nach. Wir wandern fast eben durch schönen Mischwald. Nach 1 Std. 13 Min. kreuzt unser Weg einen anderen Weg. – Hier können wir die Wanderung abkürzen, indem wir nach links im spitzen Winkel nach „Präg" absteigen (siehe **Abkürzung**). – Unsere Rundwanderung führt jedoch hier nach rechts bergauf, dem Wz. blauer Rhombus und anderen Wz. folgend. Auf der anderen Talseite liegt der große Wanderparkplatz an der Landstraße Präg–Todtmoos. Der Weg führt jetzt im oberen Weißenbachtal aufwärts, teilweise am Waldrand entlang. Nach 1 Std. 17 Min. kommen wir wieder an das asphaltierte Kreissträßchen, gehen aber sofort wieder auf einem schmalen Fußpfad im Wald parallel zur Straße weiter. Nach einer Wanderzeit von 1 Std. 20 Min. haben wir das Wanderheim „Hochkopfhaus" (1079 m; Einkehrmöglichkeit) beim Weißenbachsattel an der Landstraße Geschwend–Todtmoos erreicht. – Hier stoßen wir auf die Rundwanderungen Nr. 210 „Von Bernau-Oberlehen über den Ledertschobenstein auf den Hochkopf" und Nr. 270 „Von Todtmoos zum Hochkopf". –

Wir überqueren hier die Landstraße und wandern auf dem Höhenweg Pforzheim–Basel (östliche Variante) Richtung „Herzogenhorn", dem Wz. roter Rhombus des Höhenweges nach. Zunächst wandern wir auf einem Schotterweg aufwärts, biegen aber 2 Min. nach dem „Hochkopfhaus" vom Schotterweg links ab und gehen auf einem schmalen Pfad im Wald bergauf, deutlich markiert mit dem Wz. roter Rhombus und anderen Wz. Bei Weggabelungen im Wald halten wir uns immer an das Wz. roter Rhombus. Nach 1 Std. 32 Min. überqueren wir einen breiten Holzabfuhrweg und gehen auf einem Fußweg weiter geradeaus dem Wz.

Herrenschwand mit Hochkopf

nach. Nach 1 Std. 36 Min. treffen wir wieder auf den breiten Holzabfuhrweg und gehen diesen rechts aufwärts. 2 Min. später, bei einer Weggabelung, gehen wir links Richtung „Hochkopf". Bei der gleich darauf folgenden Wegkreuzung geht der Höhenweg nach rechts. Bei einem großen Holzkreuz machen wir einen kurzen Abstecher nach links zum Hochkopfgipfel. Der Pfad führt auf dem Grat aufwärts. Nach einer Wanderzeit von 1 Std. 46 Min. haben wir den Hochkopf (1263 m) erreicht, der durch einen Turm gekrönt ist. 45 Stufen führen auf den Turm, wo man eine prächtige Aussicht genießen kann. Im Süden liegt Todtmoos, und bei guter Fernsicht erblicken wir den Schweizer Jura und die Alpen. Im Norden sehen wir die ganze Bergkette nördlich des Wiesentales, vom Zeller Blauen über den Hochblauen, Köhlgarten, Belchen, Schauinsland, Stübenwasen bis zum Feldberg und Herzogenhorn.

Vom Hochkopfgipfel wandern wir 5 Min. denselben Weg zurück, den wir hochgestiegen sind, bis wir wieder bei dem Holzkreuz auf den Höhenweg Pforzheim–Basel kommen. Jetzt gehen wir Richtung „Blößling" weiter und folgen dem Wz. roter Rhombus. Beim Fernsehumsetzer hört der breite Weg auf und wir wandern auf einem angenehmen Fußpfad fast eben durch den Wald auf dem Kamm, doch leider ohne Aussicht. Bei einer Weggabelung, nach 2 Std. 7 Min., folgen wir weiterhin dem Wz. roter Rhombus. Nach 2 Std. 15 Min. haben wir den Ledertschobenstein (1214 m) erreicht, eine kleine Erhebung im Wald, wo nach rechts zwei Wanderwege nach Bernau abgehen. Wir bleiben weiterhin auf dem Höhenweg und folgen dem Wz. Richtung „Blößling". Bei einer weiteren Weggabelung im Wald achte man auf das Wz. roter Rhombus. Nach 2 Std. 25 Min. stößt von rechts ein breiter Weg auf unseren schmalen Pfad, den wir geradeaus weiterwandern, dem Wz. roter Rhombus nach. Nach 2 Std. 27 Min., haben wir den Hirzenboden (1232 m) erreicht. Hier gehen wir, dem Wz. roter Rhombus folgend, links hinab und erreichen nach wenigen Metern einen breiten Holzabfuhrweg, dem wir nach rechts folgen. **Achtung!** Nach 2 Std. 39 Min. kommen wir an eine Weggabelung, ca. 300 m vor dem Präger Eck. Hier haben wir eine herrliche Sicht auf die Häuser von Präg und sehen darüber den Belchen. Rechts liegt ganz in der Nähe der Blößling.

An dieser Stelle verlassen wir den Westweg und gehen im spitzen Winkel links den ebenfalls breiten Holzabfuhrweg abwärts Richtung „Präg" (Holzwegweiser), im Sommer an blühendem Fingerhut vorbei. Bei Weggabelungen bleiben wir immer auf dem breiten Holzabfuhrweg, der stets abwärts führt. Nach 3 Std. 5 Min. macht unser breiter Holzabfuhrweg eine Rechtskurve (1000 m) und wir genießen hier eine prachtvolle Rundsicht. Links oben sieht man den Hochkopf mit seinem Turm, rechts den Blößling, geradeaus den Belchen, und unter uns liegen die Häuser von Präg. Wir verlassen den breiten Holzabfuhrweg und gehen nach links auf einem schmalen Fußpfad und folgen dem holzgeschnitzten Wegweiser „Präg". Der schöne und angenehme Pfad führt

Dorfstraße Präg

uns im Wald abwärts. Nach 3 Std. 14 Min. geht der schmale Pfad in einen breiten Holzabfuhrweg über und wir wandern diesen abwärts durch schönen Mischwald im Gebiet Wildboden. Nach 3½-stündiger Wanderung, bei einer Wegkreuzung, bleiben wir auf dem breiten Holzabfuhrweg und gehen auf dem Hinterwildbodenweg nach rechts abwärts Richtung „Präg". Nach 3 Std. 35 Min. sind wir in der Talsohle des hinteren Wildbodenbächles (845 m) angelangt. Wir wandern geradeaus das Tal abwärts auf dem breiten Holzabfuhrweg, am rauschenden Bach entlang durch eine enge Klamm. Nach 3 Std. 42 Min. verlassen wir den Wald und wandern durch prachtvolle Bergwiesen auf das Dorf zu. Es geht an einer Schranke vorbei, und der Weg führt steiler bergab. Nach 3 Std. 50 Min. erreichen wir die ersten beiden schönen Bauernhäuser von Präg und die Straße ist ab jetzt asphaltiert. Bei der nächsten Weggabelung wandern wir geradeaus auf der Grabenstraße zur Ortsmitte, an schönen alten Bauernhäusern vorbei, die zum Teil gut ausgebaute Fremdenzimmer anbieten. 3 Min. später haben wir die Landstraße Geschwend–Todtmoos erreicht und gehen auf dieser geradeaus weiter. Kurz danach überqueren wir den Weißenbach, wo von links der Abkürzungsweg vom „Hochkopfhaus" herabführt, und haben nach 4-stündiger, erholsamer Rundwanderung den Parkplatz in der Ortsmitte von Präg erreicht. – In Präg beginnt auch die Rundwanderung Nr. 256 „Rund um den Sengalenkopf". –

Gehzeit und Steigung:
Reine Gehzeit: 4 Std. (18 km)
Höhendifferenz: 700 m

Abkürzung:
Nach einer Wanderzeit von 1 Std. 13 Min., kurz vor dem „Hochkopfhaus", biegen wir nach links im spitzen Winkel ab und folgen dem Wegweiser „Präg". Wir wandern das Weißenbachtal hinab, kommen bei der Talstation des Skiliftes an die Landstraße Präg–"Hochkopfhaus" und wandern anschließend weiter auf dem Talweg, der am Weißenbach entlang verläuft, nach Präg.
Gehzeit: 2 Std. (9 km)
Höhendifferenz: 380 m

Verlängerung:
Wer an heißen Tagen den relativ steilen Anstieg des Weidelehrpfades, der ziemlich schattenlos ist, nicht auf sich nehmen will und evtl. auch der Jungviehweide ausweichen möchte, kann im Eulenbachtal, nach einer Wanderung von 10 Min., geradeaus weiterwandern und nimmt dann den Aufstieg durch den Eulenwald. Man erreicht die Kreisstraße Schönau–Herrenschwand in der Mitte zwischen dem Tiergrüble und Herrenschwand und muss dann ca. 1 km länger auf dem asphaltierten Kreissträßchen Richtung Herrenschwand wandern, wie oben beschrieben.
Gehzeit: 4 Std. 30 Min. (20 km)
Höhendifferenz: 700 m

Einkehrmöglichkeiten:
Unterwegs: In **Herrenschwand** Gasthaus „Waldfrieden" (dienstags Ruhetag; Betriebsferien im März und November; Tel. 07674/232) und Wanderheim „Hochkopfhaus" auf dem **Weißenbachsattel** (montags Ruhetag; Betriebsferien Anfang November bis Mitte Dezember; Tel. 07674/437). Am **Ausgangspunkt** unserer Wanderung in **Präg** Gasthof „Hirschen" (donnerstags Ruhetag; Betriebsferien von Mitte November bis Mitte Dezember; Tel. 07671/296) und 250 m vom Gasthof „Hirschen" entfernt Landhaus-Pension „Sonnenhof" (montags Ruhetag; Betriebsferien im März; Tel. 07671/538).

Empfohlene Wanderkarten und Literatur:
1. Atlasco-Wanderkarten: 1:30.000, Nr. 211, 212, 213 oder 217
2. Kompass-Wanderkarten 1:30.000, Nr. 891 oder 898
3. Schwarzwaldvereinskarte 1:50.000,
   Blatt 8 (Belchen–Wiesental)
4. Schwarzwaldvereinskarte 1:35.000,
   (Feldberg–Belchen–Schluchsee)
5. Wanderkarte „Todtnauer Ferienland", 1:30.000, herausgeben von der Kurdirektion 79674 Todtnau
6. Seeger-Karte „Todtmoos", 1:33.000, herausgegeben von der Kurverwaltung 79682 Todtmoos
7. Informationsblatt Weidelehrpfad „Präg–Herrenschwand", zu beziehen über die Kurdirektion 79674 Todtnau
8. Informationsblatt Naturschutzgebiet „Gletscherkessel Präg", zu beziehen über die Kurdirektion 79674 Todtnau

Zwischen Herrenschwand und Ehrsberg

Eine etwas mehr als 3-stündige, sehr angenehme und aussichtsreiche Rundwanderung zwischen dem Angenbach- und Künabachtal. Der mittlere Teil der Wanderung verläuft auf prachtvollen Panoramawegen, die wärmstens zu empfehlen sind. Der Anfang und das Ende der Wanderung führen durch Wälder, und sind deshalb nicht so aussichtsreich. Die Wanderung ist zu jeder Jahreszeit empfehlenswert, außer im Winter bei Schnee. Sie ist besonders schön im Frühsommer, wenn die Wiesenblumen blühen, oder auch im Herbst, wenn oft gute Fernsicht herrscht. Die Wanderung führt fast immer über breite, nicht asphaltierte Wirtschaftswege, nur 45 Min. führt sie über asphaltierte Sträßchen.

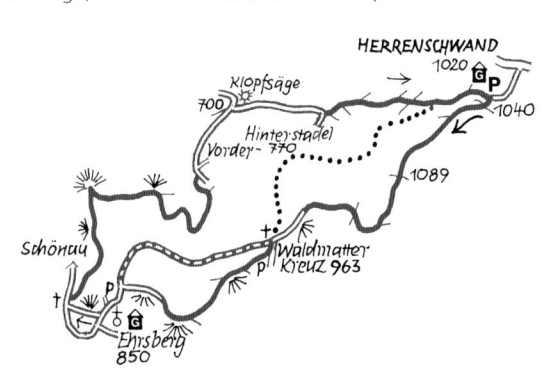

🚗 Zufahrt:
Von Freiburg fährt man über Kirchzarten nach Todtnau und von dort das Wiesental abwärts bis Geschwend. Hier biegt man von der B 317 ab, Richtung „Todtmoos", durchfährt Präg und kommt zum Hochkopfhaus auf dem Weißenbachsattel. (Entfernung Freiburg–Hochkopfhaus 45 km). Beim Hochkopfhaus biegt man nach rechts ab, Richtung „Herrenschwand". Nach knapp 2 km erreicht man Herrenschwand, und fährt bei den ersten Häusern die Ehrsberger Straße links hinauf zum Waldrand, an dem man Parkmöglichkeiten findet. Am Parkplatz beginnt unsere Rundwanderung und wir genießen gleich zu Beginn einen sehr schönen Rundblick zum Feldberg, Hasenhorn, Herzogenhorn, Blößling und Hochkopf.

🚌 Anfahrt mit öffentlichem Verkehrsmittel:
Bus: Linie 7215 (SBG), Freiburg–Todtnau–Todtmoos,
   Haltestelle Todtmoos-Hochkopfhaus.
Man wandert dann vom Hochkopfhaus Richtung „Herrenschwand" auf einem Fußweg parallel zur Straße (Wz. blauer Rhombus). Nach 13 Min. kommt man wieder zur Kreisstraße, überquert diese und folgt ab hier dem Wz. rotes Dreieck, Richtung „Ehrsberg". Der Weg führt oberhalb von Herrenschwand am Waldrand entlang und 25 Min. nach dem Hochkopfhaus hat man den oben erwähnten Parkplatz erreicht.

Wanderung:

Min. Von unserem Wanderparkplatz (1040 m) gehen wir den linken, breiten Weg bergan in den Wald hinein (Wz. grüner Punkt). Unser Weg führt an der Nordseite des Herrenschwander Kopfes (1152 m) entlang. Rechts sehen wir den Hochgescheid (1205 m), zwischen Herrenschwand und Schönau, dann weiter im Westen den Köhlgarten und Hochblauen, etwas später auch den Belchen sowie bei guter Fernsicht die Vogesen. Bei einer Weggabelung gehen wir geradeaus weiter, immer noch bergan durch schönen Mischwald. An der Wegkreuzung Zimmerplatz (1089 m)
17 kommen wir nach 17-minütiger Wanderung auf den Bergsattel zwischen dem Herrenschwander Kopf und dem Wannenkopf, gehen geradeaus auf dem breiten Weg durch schönen Mischwald abwärts, Richtung „Waldmatt, Ehrsberg", an der Südseite des Wannenkopfes entlang, an Felsen vorbei. Nach knapp ½-stündiger Wanderung wandern wir bei einer Weggabelung geradeaus abwärts, Richtung „Waldmatt, Ehrsberg", gut markiert durch das Wz. grüner Punkt. Bei der nächsten Weggabelung gehen wir wieder geradeaus abwärts bis an den Waldrand; ab hier ist der Weg leider asphaltiert. Unter uns liegen die wenigen Bauernhöfe von Waldmatt und noch tiefer verläuft das Angenbachtal. Auf der anderen Talseite sieht man die Berge zwischen dem Angenbach- und dem Wehratal, mit dem Rohrenkopf (1170 m) und der Hohen Möhr, durch zwei charakteristische Türme erkennbar. Nach einer Wanderzeit
28 von 45 Min. kommen wir beim Waldmatter Kreuz zu einer Straßenkreuzung (963 m) mit einem schönen Rastplatz und einer Orientierungstafel. Bei diesem Wanderparkplatz können wir ebenfalls unsere Rundwanderung beginnen.

Vom Waldmatter Kreuz wandern wir geradeaus weiter, am Waldrand entlang, leicht aufwärts (Wz. rotes Dreieck). Die Asphaltdecke hört nach wenigen Schritten auf. Auf der anderen Seite des Angenbachtales sieht man die Häuser von Altenstein. Bei Weggabelungen bleiben wir stets auf dem breiten Weg, der aussichtsreich am Waldrand entlangführt und durch das Wz. rotes Dreieck gut markiert ist. Bald verlassen wir den Waldrand und unser breiter Weg führt über Wiesen leicht abwärts mit schönem Blick auf den Zeller Blauen und die Höhen zwischen dem Großen und Kleinen Wiesental. Nach 1-stündiger Wanderung kommen wir bei einer Waldecke an eine Weggabelung und gehen geradeaus weiter wieder mit schöner Aussicht, u.a. auf das

Feldberg-Panorama am Parkplatz

Goldmatt, Rohrenkopf und Hohe Möhr

kleine Dörfchen Ehrsberg, unser nächstes Ziel, das mit Häg im Angenbachtal eine Gemeinde bildet. Bald sehen wir in das Wiesental hinab sowie in das Rheintal und bei guter Fernsicht zu den Bergen des Juras und der Vogesen. Es geht an einem Wasserreservoir vorbei; ab hier ist die Straße leider wieder asphaltiert. Links unten sieht man die Kirche von Häg. Nach 1 Std. 10 Min. kommen wir an eine Weggabelung (910 m). – Falls wir unsere Wanderung abkürzen wollen, können wir hier rechts gehen (siehe **Abkürzung**). – Unsere Rundwanderung führt jedoch links abwärts zu dem nahe gelegenen Dorf Ehrsberg. Auf der anderen Seite des Wiesentales sehen wir die kleinen Dörfer Oberhepschingen, Kastel und Ittenschwand, die alle zur Gemeinde Fröhnd gehören. Es geht an einem kleinen Parkplatz vorbei, wo wir ebenfalls unsere Rundwanderung beginnen können. Bei einer Schranke kommen wir zu den ersten Häusern von Ehrsberg, durch das wir auf dem asphaltierten Sträßchen bergab gehen. Nach 1 Std. 15 Min. haben wir bei der Kirche die Ortsmitte von Ehrsberg (850 m) erreicht. Einkehrmöglichkeiten sind in Ehrsberg das Gasthaus „Zur Tanne" und das Hotel-Gasthaus „Wolfeck". Neben dem Rathaus in Ehrsberg (wenige Schritte vom Gasthaus „Zur Tanne" entfernt) befindet sich eine Orientierungstafel mit allen Wanderwegen.

Falls wir eingekehrt sind, gehen wir wieder das Sträßchen bis zu dem Brunnen, wo sich die Straße in drei verschiedene Richtungen gabelt, zurück. Hier gehen wir die mittlere, asphaltierte, schmale Straße („Kaminfegerweg") bergan. Nach wenigen Schritten haben wir die Höhe erreicht und wir wandern über Wiesen abwärts. Während des Wanderns genießen wir einen prachtvollen Blick zum Belchen und den kleinen Dörfern Böllen, Überhepschingen, Kastel, Ittenschwand, Hof und Schönenberg, jenseits des Wiesentales. Tief unten sehen wir die Häuser von Fröhnd und Wembach, rechts jenseits des Künabachtales die Häusergruppen von Holz und Stutz. An dem asphaltierten Verbindungssträßchen, das von Fröhnd über Wühre nach Ehrsberg führt, gehen wir rechts abwärts (Wz. brauner Punkt) an einem Kruzifix vorbei. **Achtung!** Ca. 50 m nach dem Kruzifix zweigen wir von der asphaltierten Straße rechts ab und

ohe Möhr und Zeller Blauen, Ehrsberg

finden auch wieder das Wz. brauner Punkt. Auf dem nicht asphaltierten Weg, der über Weiden mit prachtvoller Aussicht führt, gehen wir fast eben weiter. Unter uns liegen die wenigen Häuser von Ober-, Mittel- und Unterwühre. Im Hintergrund sieht man den Zeller Blauen. Es geht an der Höhe Auf dem Sättele vorbei, wo ein Windsack anzeigt, dass von hier Deltasegler in das Tal gleiten. Bald sehen wir links unten die Häuser von Hinterholz im Künabachtal sowie gleich darauf das erste Haus von Vorderstadel. Nach 1 Std. 45 Min. kommen wir an einem Brunnen vorbei, und gehen gleich danach bei einer Weggabelung rechts eben weiter (Wz. brauner Punkt). Unser prachtvoller Aussichtsweg geht weiterhin eben durch die Weiden, überquert ein Bächlein, und führt bald darauf in den Wald hinein, leicht bergab, wieder über ein Bächlein; der Weg ist nicht zu verfehlen. Nach 2-stündiger Wanderung ist rechts oberhalb ein Rotwildgehege. 2 Min. später geht es über das Haldenbächle unterhalb der asphaltierten Verbindungsstraße Ehrsberg–Hinterstadel. Kurz darauf gehen wir bei einer Weggabelung den breiten, graswachsenen Weg links abwärts über Wiesen am ersten Hof von Vorderstadel (790 m) vorbei und kommen auf die asphaltierte Straße Ehrsberg–Hinterstadel, die wir links abwärts wandern. Nach wenigen Schritten gabelt sich die Straße und wir gehen hier links abwärts, **nicht** nach rechts, Richtung „Hinterstadel". Das asphaltierte Sträßchen führt jetzt ziemlich steil abwärts, immer noch eine schöne Aussicht bietend, an zwei weiteren Höfen von Vorderstadel vorbei. Im Talgrund des Künabaches haben wir die historische Klopfsäge (700 m) erreicht. (Vorführung des Sägebetriebes sonn- und feiertags von 10.00 bis 12.00 Uhr und von 14.00 bis 17.00 Uhr. Für größere Gruppen kann die Säge auch wochentags vorgeführt werden; Anmeldung mindestens 2 Tage vorher im Gasthof „Holzer Kreuz" im Ortsteil Holz; Tel. 0 76 73/2 86.) Diese Fröhnder-Säge ist die einzige noch funktionsfähige Klopfsäge im Schwarzwald, die an ihrem ursprünglichen Standort steht. Sie geht zurück auf das Jahr 1806 und war bis 1953 in Betrieb.

Von der Klopfsäge gehen wir das asphaltierte Sträßchen, das wir herabgewandert sind, wieder zurück und kommen nach wenigen Schritten zu einer Straßengabelung, wo wir links aufwärts gehen, Richtung „Hinterstadel". Nach kurzem, steilem Anstieg über Wiesen haben wir die Häusergruppe Hinterstadel (770 m), die ebenfalls zur Gemeinde

Häg-Ehrsberg gehört, erreicht. Wir wandern durch das kleine Dorf weiter bergan, an einem erfrischenden Brunnen vorbei. Nach 2½-stündiger Wanderung sind wir beim letzten Haus von Hinterstadel und verlassen hier die asphaltierte Straße, die eine steile Rechtskurve macht und nach Ehrsberg führt. Wir gehen geradeaus auf einem nicht asphaltierten Weg durch schöne Bergwiesen das Tal aufwärts, Richtung „Herrenschwand". **Achtung!** Nach 2 Std. 35 Min. gehen wir bei einer Weggabelung auf dem breiten Talweg weiter geradeaus aufwärts (**keine** Markierung!). 1 Min. später bei der nächsten Weggabelung nehmen wir den linken Weg und gehen weiter aufwärts. In einer wunderschönen Bergwiese kommen wir wieder an eine Weggabelung und gehen den rechten Weg etwas steiler bergauf, Richtung „Herrenschwand" zum nahen Waldrand. 3 Min. später bei der nächsten Weggabelung (**keine** Markierung!) gehen wir rechts weiter steil aufwärts durch den Wald, überqueren einen breiteren, grasbewachsenen Weg und wandern weiter geradeaus durch den Wald, weiterhin steil aufwärts, Richtung „Herrenschwand". Der Weg führt durch eine Felsengruppe weiter steil bergan, wird aber kurz danach weniger steil. Nach 3-stündiger Wanderung stoßen wir auf einen breiten Weg, der rechts vom Waldmatter Kreuz kommt und über den unsere Abkürzungsroute verläuft. Wir gehen diesen breiten Weg jetzt nach links weiter aufwärts, Richtung „Herrenschwand". Bald führt links nach Herrenschwand ein kleiner Fußweg; wir bleiben jedoch auf dem breiten Weg und gehen diesen Richtung „Hochkopf" geradeaus weiter aufwärts. Nach 3 Std. 15 Min. Wanderzeit haben wir wieder den Parkplatz, den Ausgangspunkt unserer Rundwanderung, erreicht, und genießen noch einmal die prachtvolle Aussicht. – Durch Herrenschwand führen auch die beschriebenen Rundwanderungen Nr. 253 „Von Schönau nach Herrenschwand" und Nr. 257 „Rund um Präg".

⊙ **Gehzeit und Steigung:**
Reine Gehzeit: 3 Std. 15 Min. (15 km)
Höhendifferenz: 450 m

Abkürzung:
Nach einer Gehzeit von 1 Std. 10 Min. biegen wir oberhalb von Ehrsberg bei der Weggabelung nach rechts ab, gehen das asphaltierte Sträßchen auf der Nordseite des Berges „Auf dem Köpfle" wieder zum Waldmatter Kreuz zurück. Von dort wandern wir dann auf der Nordseite des Wannenkopfes über die Wannenhalde (Weg nicht asphaltiert; Wz. liegendes rotes Dreieck) zum Stadeler-Felsen und kommen kurz vor unserem Parkplatz wieder auf die beschriebene Rundwanderung.
Gehzeit: 2 Std. 20 Min. (10 km)
Höhendifferenz: 250 m

Einkehrmöglichkeiten:
Unterwegs: In **Ehrsberg** Gasthaus „Zur Tanne" (freitags Ruhetag, donnerstagnachmittags ab 14.00 Uhr geschlossen; Betriebsferien im November; Tel. 07625/367). Hotel-Gasthaus „Wolfeck" (ca. 300 m von der Kirche entfernt; montags Ruhetag; Betriebsferien Mitte November bis Mitte Dezember; Tel. 07625/92600). Am **Ausgangspunkt** unserer Wanderung in **Herrenschwand**, Gasthaus „Waldfrieden" (dienstags Ruhetag; Betriebsferien im März und November; Tel. 07674/232).

Empfohlene Wanderkarten:
1. Atlasco-Wanderkarten 1:30.000, Nr. 213 oder 217
2. Kompass-Wanderkarte 1:30.000, Nr. 897
3. Schwarzwaldvereinskarte 1:50.000,
   Blatt 8 (Belchen–Wiesental).
4. Schwarzwaldvereinskarte 1:35.000,
   (Feldberg–Belchen–Schluchsee)

Von Todtnau über Hasbach zum Knöpflesbrunnen

Eine etwas mehr als 3-stündige, sehr aussichtsreiche und empfehlenswerte Rundwanderung entlang den Hängen des Wiesentales und des Aftersteger Tales. Der Anstieg ist sehr angenehm und kann auch an heißen Tagen ohne weiteres durchgeführt werden. Die Wanderung kann zu jeder Jahreszeit empfohlen werden, außer im Winter, wenn Schnee liegt. Sie ist ganz besonders schön im Herbst, wenn meistens gute Fernsicht herrscht, und wenn man dann vom Knöpflesbrunnen aus die Alpen sieht. Die Wanderung führt fast immer über nicht asphaltierte Fußpfade und Wirtschaftswege, außer 40 Minuten, wo sie über kaum befahrene Sträßchen führt.

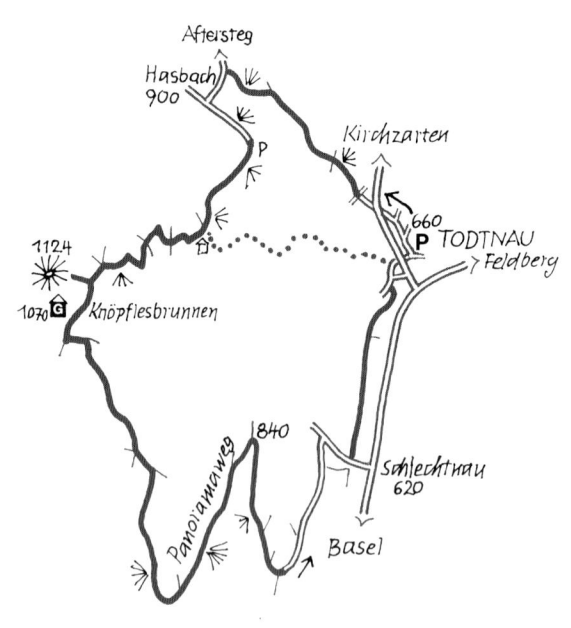

Zufahrt:

Von Freiburg, bzw. Autobahnausfahrt Freiburg-Mitte (A 5), fährt man auf der B 31 bis Kirchzarten und von dort auf der Landstraße nach Todtnau. 200 m nach dem Ortsschild von Todtnau biegt man rechts ab, kurz vor der B 317, Richtung „Ortsmitte". Man fährt dann die Meinrad-Thoma-Straße zum Busbahnhof von Todtnau. Gegenüber dem Busbahnhof liegt die Gastwirtschaft „Schwarzwaldbähnle". Hier biegen wir links ab und finden hinter dem Gasthaus einen großen öffentlichen Parkplatz. Hier finden wir auch einen großen Wegweiser des Schwarzwaldvereines.

Kommt man von Basel, benutzt man die B 317 durch das Wiesental, fährt bei Todtnau links ab Richtung „Notschrei, Kirchzarten, Freiburg" und biegt dann nach wenigen Metern links ab, Richtung „Ortsmitte".

Anfahrt mit öffentlichem Verkehrsmittel:
Bus: Linie 7300 (SBG), Lörrach–Titisee oder
 Linie 7215 (SBG), Freiburg–Todtnau
 Haltestelle jeweils Todtnau, Busbahnhof.

Wanderung:

Die Wanderung führt vom Gasthaus „Schwarzwaldbähnle" (660 m) die „Schöne Straße" links aufwärts, Richtung „Aftersteg". Nach 4 Min. nehmen wir bei einer Straßengabelung den linken Weg Richtung „Hasbach, Feriendorf". 1 Min. später lassen wir das letzte Haus von Todtnau hinter uns und gehen auf einem asphaltierten Fußpfad unter der Landstraße hindurch aufwärts. Nach 7 Min. verlassen wir den asphaltierten Weg und gehen rechts über Stufen aufwärts Richtung „Knöpflesbrunnen" und „Feriendorf, Hasbach", anschließend über eine Wiese. 2 Min. später überqueren wir die Zufahrtsstraße zum Feriendorf und gehen auf der anderen Straßenseite auf einem grasbewachsenen Weg aufwärts Richtung „Hasbach, Knöpflesbrunnen". – **Achtung!** Man geht **nicht** das Sträßchen links, wo auch der Wegweiser „Knöpflesbrunnen" zu finden ist. – Der Weg führt gleichmäßig über Wiesen bergan an einzelnen Büschen und Bäumen vorbei. Nach ¼-stündiger Wanderzeit führt unser Weg in den Wald hinein und geht jetzt abwechselnd teils über Wiesen, teils durch den Wald. Bald darauf sieht man rechts die Wasserfälle von Todtnauberg. Nach 22 Min. überqueren wir einen breiten Wirtschaftsweg und gehen geradeaus weiter aufwärts Richtung „Hasbach, Knöpflesbrunnen". 3 Min. später kommen wir aus dem Wald heraus und sehen rechts unter uns die Ortsmitte von Aftersteg, etwas höher einzelne Häuser von Muggenbrunn. Der Weg steigt jetzt über Wiesen ziemlich steil an. Bald sehen wir geradeaus vor uns die Häuser von Hasbach, einer kleinen Häusergruppe, die zu Aftersteg gehört. Nach ½-stündiger Wanderung gehen wir bei einer Bank in der Wiese

Belchen - Oberrollsbach

geradeaus aufwärts Richtung „Hasbach". Nach 35 Min. haben wir die asphaltierte Straße, die nach Hasbach führt, erreicht und gehen diese links aufwärts, Richtung „Knöpflesbrunnen" (Wz. blauer Kreis). Nach wenigen Schritten sind wir beim ersten Hof von Hasbach (900 m) und wandern anschließend an sieben weiteren Höfen bzw. Häusern von Hasbach vorbei, die teilweise sehr schön sind. Nach 40 Min. gehen wir beim letzten Haus von Hasbach bei einer Weggabelung links aufwärts Richtung „Knöpflesbrunnen, Waldparkplatz", dem Wz. blauer Kreis nach.

Leider ist der sehr schöne Weg mit prachtvoller Aussicht immer noch asphaltiert. Links sehen wir Todtnauberg, dahinter den Stübenwasen. Nach 45 Min. Wanderzeit, bei einem Waldstück, hört erfreulicherweise die Asphaltdecke auf und wir finden hier beim Hasbacher Grat einen schönen Imbissplatz sowie einen Waldparkplatz. Der Weg führt in einem schönen Mischwald aufwärts. 3 Min. später kommt der Weg wieder aus dem Wald heraus und bietet sehr schöne Ausblicke: Tief unter uns sehen wir Todtnau liegen, rechts das Hasenhorn (1156 m), wo die Sesselbahn hochzieht, und links davon den Silberberg (1358 m). Der Weg geht jetzt am Waldrand stetig aufwärts mit prachtvoller Aussicht. Nach 55 Min. kommen wir bei einer Bank zu einer Weggabelung, und gehen hier rechts aufwärts, Richtung „Knöpflesbrunnen". Links sehen wir Todtnauberg, dahinter den Stübenwasen (1386 m) und rechts davon den Feldberg (1493 m). Weiter rechts nach dem tiefen Einschnitt des Wiesentales sehen wir das Herzogenhorn (1415 m) herausragen. Kurz danach finden wir links einen erfrischenden Brunnen sowie eine Unterstehhütte und einen Imbissplatz (1000 m). Bei dem Imbissplatz stoßen wir auf den kürzeren Weg, der vom Busbahnhof in Todtnau zum Knöpflesbrunnen heraufführt, und mit dem Wz. blauer Rhombus markiert ist, dem wir jetzt bis zum Knöpflesbrunnen folgen. Wir verlassen hier den breiten, nicht asphaltierten Wirtschaftsweg und gehen auf dem schmalen Pfad aufwärts in den Wald hinein, den Wz. blauer Rhombus und blauer Kreis folgend. Zunächst geht der Pfad steil bergan aber nach

Hochkopf, Prägbachtal

kurzer Zeit führt er in Serpentinen weniger steil durch den schönen Mischwald aufwärts. Nach 1 Std. 2 Min. sind wir bei einem breiten Wirtschaftsweg und gehen diesen links aufwärts, gut markiert. 1 Min. später verlassen wir den breiten Wirtschaftsweg und gehen auf einem sehr schönen Fußpfad rechts aufwärts Richtung „Knöpflesbrunnen", gut markiert und nicht zu steil. Nach 1 Std. 10 Min. überqueren wir wieder einen breiten Wirtschaftsweg und gehen weiter geradeaus aufwärts auf dem schmalen Pfad Richtung „Knöpflesbrunnen", dem Wz. blauer Rhombus folgend. Nach 1 Std. 15 Min. haben wir die Höhen beim Knöpflesbrunnen erreicht und kommen aus dem Wald heraus. Die Waldwiesen hier beim Knöpflesbrunnen sind von einzigartiger Schönheit, ebenso ist die Aussicht von hier ganz prächtig. 2 Min. später sind wir bei der Wegkreuzung Knöpflesbrunnen (1120 m), wo von rechts der Weg vom Notschrei herkommt. Wir wandern von hier auf dem breiten Weg nach links abwärts und bei der kurz darauf folgenden Wegkreuzung geradeaus Richtung „Knöpflesbrunnen, Almwirtschaft". Rechts ist ein schöner Picknickplatz unter alten Buchen. Der Weg führt abwärts zur Almwirtschaft, die wir kurz darauf erblicken. Bei einer Linkskurve, kurz vor der Almwirtschaft, gehen wir auf einem Fußpfad über die Weide rechts aufwärts zur schönen Aussicht Tannharzfelsen. Nach 1 Std. 24 Min. haben wir die Höhe (1124 m) erreicht, wo einzelne Buchen stehen, und haben hier einen sehr schönen Ausblick nach Westen und nach Süden. Von rechts nach links sehen wir im Westen den Trubelsmattkopf (1281 m), das Wiedener Eck (1035 m), den Belchen (1414 m) mit dem „Belchen-Hotel", und den Köhlgarten (1224 m). Im Südwesten erblicken wir das Wiesental mit dem Zeller Blauen (1077 m) und der Hohen Möhr (983 m); im Süden sehen wir den Rohrenkopf (1170 m), links davon den Herrenschwander Kopf (1152 m), die Weißenbachhöhe (1080 m) und anschließend den Hochkopf (1263 m). Bei guter Fernsicht sieht man in Fortsetzung des Wiesentales Basel sowie anschließend den Schweizer Jura, und im

Süden, meistens im Herbst bei guter Fernsicht, die Schweizer Alpen. Wir gehen jetzt auf dem Pfad zurück zu dem breiten Wirtschaftsweg und haben nach 1½-stündiger Wanderung die Almwirtschaft „Knöpflesbrunnen" (1070 m; Einkehrmöglichkeit) erreicht. Beim Knöpflesbrunnen treffen wir auf die Wanderungen Nr. 192 „Vom Schauinsland zum Knöpflesbrunnen" und Nr. 198 „Rund um Wieden: Nach Rollsbach und zum Knöpflesbrunnen".

Wir gehen auf dem breiten Wirtschaftsweg, der Auffahrt zur Almwirtschaft, geradeaus weiter über die Weiden abwärts. Bald führt der breite Weg durch Mischwald bergab. Nach 1 Std. 35 Min., 5 Min. nach der Almwirtschaft, verlassen wir den breiten Wirtschaftsweg bei einem kleinen Felsen und wandern links abwärts Richtung „Utzenfeld". Der angenehme Weg führt durch Mischwald abwärts. **Achtung!** Nach 1 Std. 38 Min. gehen wir bei einer Weggabelung rechts abwärts Richtung „Utzenfeld". Der Weg führt jetzt sehr steil abwärts. Nach 1 Std. 48 Min. kommen wir zu einer Wegkreuzung, wo eine Bank zum Ausruhen steht, und gehen jetzt links auf dem Panoramaweg (940 m) Richtung „Schlechtnau". Der Weg führt eben weiter durch den schönen Falkenwald. Kurz danach kommen wir zu einer Weggabelung und gehen hier nach rechts abwärts durch Nadelwald. Nach 1 Std. 55 Min haben wir vom Waldrand einen besonders schönen Blick auf die wenigen Häuser von Unterrollsbach sowie auf den Rollspitz (1236 m) rechts davon; links davon sehen wir den Belchen mit dem „Belchen-Hotel". Im Hochsommer geht es an blühendem Heidekraut vorbei. Leider ist ab hier die Aussicht vom Panoramaweg zunächst fast gänzlich zugewachsen. Der Weg geht jetzt fast immer eben weiter, hauptsächlich durch Buchenwald. Bei Weggabelungen bleiben wir immer auf dem breiten Weg und gehen geradeaus weiter. Nach 2 Std. 7 Min. kommen wir an den Waldrand und der Panoramaweg macht seinem Namen endlich alle Ehre: Geradeaus sehen wir den Feldberg mit den beiden Türmen – dem Feldbergturm und dem Fernsehturm auf dem Seebuck – und rechts unter uns die Häuser von Schlechtnau, darüber das Hasenhorn. Bei Beginn des Präger Tales sehen wir rechts unten Geschwend mit seiner Kirche. Links vom Präger Tal erhebt sich der Sengalenkopf (1208 m), rechts der Staldenkopf (1135 m). 6 Min. später hat man einen schönen Blick

Knöpflesbrunnen

Feldberg übern Wiesental

auf Todtnau und zum Feldberg. Der Weg ist jetzt sehr aussichtsreich und führt ständig leicht abwärts. Nach 2 Std. 20 Min. kommen wir an eine Weggabelung (840 m) und gehen hier im spitzen Winkel rechts abwärts Richtung „Schlechtnau". Der Weg führt dann durch Wald etwas steiler abwärts wie bisher. Nach 2 Std. 24 Min. kommen wir aus dem Wald heraus und wandern am Waldrand entlang abwärts mit schönen Ausblicken ins Wiesental. Nach 2 Std. 32 Min. ist leider der schöne Weg asphaltiert und führt in das Dorf Schlechtnau hinab. Bei Weggabelungen und -kreuzungen folgen wir immer dem asphaltierten, breiten Weg, der uns Richtung „Schlechtnau, Todtnau" führt. Nach 2 Std. 36 Min. sind wir beim ersten Haus von Schlechtnau und der asphaltierte Weg führt weiter abwärts, zuerst durch Wiesen, nachher durch Wald. Nach 2 Std. 45 Min. sind wir in Schlechtnau und gehen bei einer Straßengabelung die Bühlstraße rechts abwärts. 1 Min. später passieren wir das Gemeindehaus von Schlechtnau und sind nach 2 Std. 48 Min., kurz bevor wir zur Wiese kommen, bei der ehemaligen Trasse (620 m) der Schmalspurbahn Zell–Todtnau, die jetzt ein Wander- und Radweg ist.

Wir gehen hier über die ehemalige Trasse auf nicht asphaltiertem Weg nach links Richtung „Todtnau" und folgen dem Wz. grünes Dreieck. Der sehr schöne Weg führt durch die Talwiesen leicht aufwärts, an einem Kinderspielplatz mit Wassertretstelle, Brunnen und schönen Sitzbänken vorbei. Nach 2 Std. 57 Min. geht es vorbei am Sportplatz von Todtnau, und anschließend an einem Gewerbegebiet. Bei einer Wegkreuzung nach 3-stündiger Wanderung geht es geradeaus weiter auf dem Wiesentalweg. Nach 3 Std. 2 Min. geht es am ersten Gebäude von Todtnau vorbei – es ist die Silberbergschule – und ab hier ist die Straße asphaltiert. Wir kommen gleich darauf zur Meinrad-Thoma-Straße und gehen geradeaus auf dem Gehweg weiter zum Busbahnhof. Nach 3 Std. 10 Min. haben wir den Busbahnhof bzw. den Parkplatz hinter dem Gasthof „Schwarzwaldbähnle" wieder erreicht.

In Todtnau beginnen noch folgende Rundwanderungen: Nr. 205 „Vom Wiesental auf den Feldberggipfel", Nr. 206 „Rund um das hinterste Wiesental" und Nr. 203 „Rund um das Hasenhorn und den Gisiboden".

Gehzeit und Steigung:
Reine Gehzeit: 3 Std. 10 Min. (14 km)
Höhendifferenz: 540 m

Abkürzungen:
a) Man wandert bis zur Hütte beim Höhenzugangsweg Todtnau–Knöpflesbrunnen und geht von dort aus dann direkt wieder zurück nach Todtnau, dem Wz. des Höhenzugangsweges (blauer Rhombus im weißen Feld) nach.
Gehzeit: 1 Std. 40 Min. (7 km)
Höhendifferenz: 350 m
b) Man wandert bis zur Almwirtschaft „Knöpflesbrunnen" wie beschrieben und von dort auf dem Höhenzugangsweg Todtnau–Knöpflesbrunnen demselben Weg zurück, den man von der Hütte aus hochgestiegen ist. Man wandert dann von der Hütte aus abwärts, wie bei a) am Feriendorf vorbei direkt zum Busbahnhof in Todtnau.
Gehzeit: 2 Std. 40 Min. (11 km)
Höhendifferenz: 560 m

Einkehrmöglichkeiten:
Unterwegs: Die Almwirtschaft „Knöpflesbrunnen" (Pächterwechsel in der ersten Jahreshälfte 2000; nähere Angaben lagen bei Redaktionsschluss nicht vor). Am **Ausgangspunkt** unserer Rundwanderung in **Todtnau** befindet sich das Gasthaus „Schwarzwaldbähnle" (donnerstags Ruhetag; freitags erst ab 17.00 Uhr geöffnet; Betriebsferien 2 Wochen an Pfingsten und 1 Woche in den Schulherbstferien; Tel. 0 76 71/83 55). In Todtnau gibt es eine weitere Reihe von Gaststätten, Restaurants und Cafés, die zur Stärkung und Erfrischung einladen.

Empfohlene Wanderkarten:
1. Atlasco-Wanderkarten 1:30.000, Nr. 212 oder 217
2. Kompass-Wanderkarte 1:30.000, Nr. 891
3. Schwarzwaldvereinskarte 1:50.000,
   Blatt 8 (Belchen–Wiesental)
4. Schwarzwaldvereinskarte 1:35.000,
   (Feldberg–Belchen–Schluchsee)
5. Wanderkarte „Todtnauer Ferienland", 1:30.000, herausgegeben von der Kurdirektion 79674 Todtnau

Übersicht der 15-bändigen Taschenbuchreihe Schwarzwaldwandern

Sämtliche 15 Bände sind über den Buchhandel zum empfohlenen Preis von DM 12,95/Band erhältlich.

Band I: Zwischen Murg- und Nagoldtal
Bestell-Nr. ISBN 3-934873-01-4   Konkordia

1. Von Frauenalb zur Teufelsmühle .... 6 Std. 50 Min.
2. Zwischen Alb- und Eyachtal .... 3 Std. 45 Min.
3. Rund um den Wurstberg .... 2 Std. 30 Min.
4. Von Lautenbach auf die Teufelsmühle .... 4 Std. 35 Min.
5. Über den Latschigfelsen zum Hohlohturm .... 5 Std. 10 Min.
6. Durch Enztalwälder nach Enzklösterle .... 4 Std. 40 Min.
7. Rechts und links der Murg – durch den Murgschifferschaftswald ...... 4 Std. 05 Min.
8. Zwischen Murg- und Enztal .... 5 Std. 15 Min.
9. Rund um Schwarzenberg .... 3 Std. 30 Min.
10. Rund um Besenfeld – Von Erzgrube zur Königswart .... 5 Std. 00 Min.
11. Von Urnagold ins Poppeltal .... 2 Std. 50 Min.
12. Von Enzklösterle auf den Hummelberg und durch das Enztal zurück ..... 3 Std. 10 Min.
13. Vom Enztal zum Wildsee .... 6 Std. 15 Min.
14. Durch das Kleine Enztal und auf die Meisternebene .... 4 Std. 15 Min.
15. Durch das romantische Monbachtal .... 3 Std. 35 Min.
16. Durch das Schweinbach- und Kollbachtal .... 3 Std. 40 Min.
17. Rund um Bad Teinach .... 3 Std. 50 Min.
18. Drei-Burgen-Wanderung zwischen Nagold- und Köllbachtal .... 3 Std. 30 Min.
19. Durch das Zinsbach- und Nagoldtal .... 5 Std. 30 Min.
20. Von Altensteig auf den Kapf .... 5 Std. 30 Min.

Band II: Zwischen Murgtal und Hornisgrinde
Bestell-Nr. ISBN 3-934873-02-2   Konkordia

21	Von Kuppenheim auf die Ebersteinburg	3 Std. 35 Min.
22	Von Ebersteinburg nach Hohenbaden	2 Std. 30 Min.
23	Von Baden-Baden über den Battert-Felsen zum Merkur	4 Std. 00 Min.
24	Zwischen Oos- und Murgtal	2 Std. 35 Min.
25	Rund um das hinterste Oostal	4 Std. 30 Min.
26	Von der Roten Lache zur Badener Höhe	4 Std. 00 Min.
27	Zwischen Yburg und Schwarzwaldhochstraße	3 Std. 15 Min.
28	Rund um Neuweier	5 Std. 05 Min.
29	Von Geroldsau zur Bühlerhöhe	5 Std. 05 Min.
30	Über die Gertelbachwasserfälle zum Wiedenfelsen und Plättig	2 Std. 40 Min.
31	Von Forbach über die Schwarzenbachtalsperre zur Roten Lache und über Bermersbach zurück	5 Std. 20 Min.
32	Vom Schwarzenbach- zum Raumünzachtal	4 Std. 50 Min.
33	Von Zwickgabel zum verträumten Schurmsee	3 Std. 30 Min.
34	Vom Hochkopf zur Badener Höhe – eine Dreigipfelwanderung zwischen Rhein- und Murgtal	5 Std. 25 Min.
35	Rund um Bühlerstein und Buchkopf	2 Std. 20 Min.
36	Rund um Neusatz	3 Std. 00 Min.
37	Von der Glashütte zur Hohritt und zurück durch das schöne Laufbachtal	2 Std. 45 Min.
38	Bildstöcklewanderung rund um Sasbachwalden	2 Std. 30 Min.
39	Von Sasbachwalden zur Unterstmatt	5 Std. 20 Min.
40	Rund um Brandmatt	4 Std. 40 Min.
41	Rund um die Hornisgrinde	3 Std. 10 Min.

Band III: Acher- und Renchtal
Bestell-Nr. ISBN 3-934873-03-0   Konkordia

42	Rund um Waldulm	2 Std. 45 Min.
43	Von Kappelrodeck nach Schönbüch	3 Std. 20 Min.
44	Mühlen-Rundweg Ottenhöfen	4 Std. 30 Min.
45	Auf dem Felsenweg über dem Achertal	3 Std. 50 Min.
46	Über den Karlsruher Grat nach Allerheiligen	4 Std. 45 Min.
47	Rund um Hinterseebach	5 Std. 30 Min.
48	Vom Ruhestein zum Wildsee und Hinterlangenbach	4 Std. 30 Min.
49	Zwischen Rench- und Achertal	2 Std. 00 Min.
50	Rund um Ödsbach	5 Std. 40 Min.
51	Rundwanderung über dem Renchtal	4 Std. 30 Min.
52	Von Lautenbach zum Sohlberg	4 Std. 30 Min.
53	Von Lautenbach über Kalikutt zum Mooskopf	6 Std. 25 Min.
54	Durch das schöne Lierbachtal	5 Std. 10 Min.
55	Von Allerheiligen rund um den Vogelskopf	3 Std. 45 Min.
56	Rund um den Braunberg	5 Std. 00 Min.
57	Von Oppenau über Holiswald und Herlesries nach Löcherberg und durch das Renchtal zurück	4 Std. 40 Min.
58	Vom Renchtal über den Glaswaldsee nach Palmspring	4 Std. 10 Min.
59	Durch das Tal der Wilden Rench	4 Std. 00 Min.
60	Rund um Bottenau	3 Std. 45 Min.
61	Durch die Rebberge von Durbach	2 Std. 45 Min.
62	Rund um das Durbacher Gebirg	3 Std. 50 Min.
63	Von Durbach zum Brandeckkopf	3 Std. 15 Min.

Band IV: Oberes Murgtal – Freudenstadt – Oberes Kinzigtal
Bestell-Nr. ISBN 3-934873-04-9   Konkordia

64	Eine Murgtalwanderung: Von Huzenbach nach Heselbach	5 Std. 00 Min.
65	Zum Huzenbacher See	2 Std. 30 Min.
66	Rund um Klosterreichenbach	3 Std. 50 Min.
67	Von Tonbach zum Schönmünztal	4 Std. 30 Min.
68	Von Mitteltal nach Tonbach: Eine kulinarische 5-Sterne-Wanderung	5 Std. 25 Min.
69	Zwei-Seen-Wanderung im Oberen Murgtal	4 Std. 30 Min.
70	Zum Buhlbachsee und durchs Rechtmurgtal	4 Std. 30 Min.
71	Von Freudenstadt zum Kniebis	6 Std. 50 Min.
72	Durch das schöne Lautertal	3 Std. 05 Min.
73	Rund um das hinterste Wolftal	4 Std. 25 Min.
74	Von Holzwald zum Glaswaldsee	3 Std. 15 Min.
75	Auf dem Hansjakob-Weg von Schapbach nach Schwarzenbruch	3 Std. 05 Min.
76	Durch die romantischen Täler der jungen Kinzig und des Lohmühlebaches	2 Std. 30 Min.
77	Von Schömberg in das Kleine Kinzigtal	4 Std. 00 Min.
78	Durch die stillen Wälder des Kleinen Kinzigtales	4 Std. 45 Min.
79	Von Schiltach nach Schenkenzell	4 Std. 05 Min.
80	Von Schiltach nach Wittichen und St. Roman	7 Std. 20 Min.
81	Von Schiltach auf den Fohrenbühl	5 Std. 00 Min.
82	Über die Höhen rechts und links des Schiltachtales	4 Std. 30 Min.

Band V: Unteres Kinzigtal – Harmersbach- und Schuttertal
Bestell-Nr. ISBN 3-934873-05-7   Konkordia

83	Von Ortenberg auf das Hohe Horn	2 Std. 15 Min.
84	Von Ohlsbach auf den Brandeckkopf	4 Std. 00 Min.
85	Von Gengenbach zum Hochkopf	3 Std. 15 Min.
86	Von Gengenbach auf dem Wenkweg nach Schönberg und über den Tälerpfad zurück	4 Std. 50 Min.
87	Zwischen Kinzig- und Schuttertal	4 Std. 00 Min.
88	Zum Mooskopfturm	2 Std. 45 Min.
89	Von Zell über den Durben zum Brandenkopf und über die Nillhöfe zurück	5 Std. 05 Min.
90	Vom Harmersbachtal zum Mühlstein	3 Std. 10 Min.
91	Auf dem St. Galluspfad rund um Unterharmersbach	2 Std. 30 Min.
92	Von Oberharmersbach auf den Brandenkopf	5 Std. 25 Min.
93	Rund um den Täschenkopf und zur Heidenkirche	3 Std. 35 Min.
94	Über St. Ursula auf die Hark	5 Std. 05 Min.
95	Vom Erzbachtal auf die Hohengeroldseck	3 Std. 15 Min.
96	Rund um das Prinzbachtal	3 Std. 35 Min.
97	Rund um den Rebio	3 Std. 10 Min.
98	Von Reichenbach zur Hohengeroldseck	4 Std. 05 Min.
99	Von Lahr auf den Langenhard	4 Std. 45 Min.
100	Vom Schuttertal zur Kambacher Hütte und zum Sodhof	3 Std. 50 Min.
101	Zwischen Schutter- und Litschental	2 Std. 45 Min.
102	Über dem Schuttertal	3 Std. 40 Min.
103	Von der Quelle des hl. Landelin in das idyllische Litschental	4 Std. 40 Min.
104	Rund um Schweighausen	2 Std. 30 Min.

Band VI: Mittleres Kinzigtal und Gutachtal
Bestell-Nr. ISBN 3-934873-06-5 Konkordia

105	Von Steinach zu den Nillhöfen	4 Std. 25 Min.
106	Von Steinach zum Fehrenbacher Kreuz	3 Std. 00 Min.
107	Von Welschensteinach zur Kambacher Hütte	2 Std. 00 Min.
108	Auf dem Hansjakob-Weg rings um Hofstetten	5 Std. 00 Min.
109	Vom Waldsteintal auf den Brandenkopf	3 Std. 30 Min.
110	Ins Hauserbachtal	3 Std. 30 Min.
111	Über den Farrenkopf nach Gutach	3 Std. 40 Min.
112	Von Hausach über den Käppelehof auf den Brandenkopf	6 Std. 05 Min.
113	Von Wolfach in das Kirnbachtal	4 Std. 15 Min.
114	Von Kirnbach auf den Fohrenbühl und zum Moosenmättle	4 Std. 25 Min.
115	Rund um den Staufenkopf	5 Std. 05 Min.
116	Von Wolfach über den Horbenhof nach Halbmeil und über Ippichen zurück	6 Std. 15 Min.
117	Über die Höhen zwischen Gutach- und Schiltachtal	5 Std. 05 Min.
118	Von Hornberg auf den Karlstein	3 Std. 35 Min.
119	Durch den Hornberger Stadtwald	3 Std. 45 Min.
120	Links und rechts der Schwarzwaldbahn	4 Std. 45 Min.
121	Von Schönwald zur Donauquelle	4 Std. 35 Min.
122	Zum Stöcklewaldturm und zu den Triberger Wasserfällen	3 Std. 30 Min.
123	Zwischen Brigach und Breg	4 Std. 45 Min.
124	Rund um Tennenbronn	4 Std. 15 Min.
125	Durch das idyllische Glasbachtal zur Ruine Waldau	3 Std. 00 Min.

Band VII: Elztal und Simonswäldertal
Bestell-Nr. ISBN 3-934873-07-3 Konkordia

126	Zwischen Elz- und Kinzigtal	4 Std. 45 Min.
127	Vom Landwassereck zum Karlstein	3 Std. 45 Min.
128	Über die Höhen zwischen dem Gutach- und dem Elztal	4 Std. 10 Min.
129	Zur Martinskapelle und zum Rohrhardsberg	4 Std. 15 Min.
130	Vom Prechtal auf den Gschasikopf	4 Std. 10 Min.
131	Von Elzach auf den Rohrhardsberg	5 Std. 15 Min.
132	Zwischen Hinterzinken und Vorderzinken: Eine Rundwanderung von Yach zu den Sieben Felsen	4 Std. 30 Min.
133	Von der Pelzmühle zum Biereck	3 Std. 20 Min.
134	Rund um das Spitzenbachtal	4 Std. 45 Min.
135	Von Gütenbach zum Balzer Herrgott	2 Std. 30 Min.
136	Über dem Simonswäldertal	2 Std. 40 Min.
137	Im hintersten Nonnenbachtal	4 Std. 35 Min.
138	Durch das Ibichbach- und das Griesbachtal	5 Std. 15 Min.
139	Zur Platte und durch das Simonswäldertal	5 Std. 30 Min.
140	Rund um das Etterbachtal	5 Std. 30 Min.
141	Auf alpinen Pfaden im Haslachsimonswäldertal	5 Std. 10 Min.
142	Auf den Hörnleberg	3 Std. 30 Min.
143	Rund um das Kohlenbachtal	4 Std. 00 Min.

Band VIII: Breisgau, Glottertal und Kaiserstuhl
Bestell-Nr. ISBN 3-934873-08-1   Konkordia

144	Rund um das Bleichtal	6 Std. 20 Min.
145	Von Freiamt auf den Hünersedel	3 Std. 15 Min.
146	Von der Ruine Landeck nach Tennenbach	4 Std. 15 Min.
147	Rund um das vordere Brettenbachtal	6 Std. 00 Min.
148	Vom Suggenbad zum Kandel	6 Std. 30 Min.
149	Rund um das Föhrental	3 Std. 15 Min.
150	Vom Glottertal zum Luser	3 Std. 00 Min.
151	Rund um Ohrensbach	4 Std. 30 Min.
152	Zwischen Flaunser und Kandel	4 Std. 30 Min.
153	Rund um das Wildtal	3 Std. 20 Min.
154	Von Freiburg nach St. Peter und zurück – eine ein- bis zweitägige Rundwanderung	8 Std. 40 Min.
155	Rund um das Attental	3 Std. 50 Min.
156	Rund um den Schönberg	4 Std. 10 Min.
157	Rund um das Hexen- und Möhlintal	5 Std. 00 Min.
158	Rund um den Badberg	2 Std. 25 Min.
159	Über die Kaiserstuhlhöhen	5 Std. 15 Min.
160	Von Burg zu Burg entlang des Rheins	3 Std. 55 Min.
161	Vom Liliental zum Badberg	5 Std. 00 Min.

Band IX: Hinterzarten – Titisee – St. Märgen
Bestell-Nr. ISBN 3-934873-09-X   Konkordia

162	Vom Pfaffendobel auf den Otten	3 Std. 15 Min.
163	Von der Höfener Hütte zum Rinken	3 Std. 40 Min.
164	Vom Hinterwaldkopf ins Höllental hinab	5 Std. 00 Min.
165	Auf den Windeckkopf	3 Std. 20 Min.
166	Zwischen Titisee und Breitnau	3 Std. 50 Min.
167	Rund um Breitnau	3 Std. 00 Min.
168	Drei-Seen-Rundwanderung im Hochschwarzwald	6 Std. 30 Min.
169	Vom Titisee zum Hochfirst	4 Std. 00 Min.
170	Auf den Höhen zwischen Jostal und Thurner	3 Std. 20 Min.
171	Jostalwanderung	4 Std. 15 Min.
172	Rund um den Josen	4 Std. 00 Min.
173	Rund um Langenordnach	3 Std. 10 Min.
174	Über die Waldauer Höhen	2 Std. 00 Min.
175	Von Dobel zu Dobel rund um den Steinberg	2 Std. 45 Min.
176	Zwischen St. Märgen und Glashütte	3 Std. 25 Min.
177	Über die Schweighöfe zum Thurner	3 Std. 55 Min.
178	Rund um das obere Ibental	3 Std. 30 Min.
179	In das Wildgutachtal: Eine Drei-Täler-Wanderung zwischen St. Märgen und Gütenbach	3 Std. 55 Min.
180	Von St. Märgen zum Zweribach	3 Std. 30 Min.
181	Von St. Märgen auf den Kandel	6 Std. 00 Min.
182	Rund um den Plattensee	4 Std. 10 Min.

Band X: Zwischen Freiburg und Belchen
Bestell-Nr. ISBN 3-934873-10-3   Konkordia

183	Rechts und links des Möhlintales	4 Std. 15 Min.
184	Vom Bettlerpfad zum Kohlerhof: Eine Rundwanderung zwischen Möhlin- und Neumagental	5 Std. 24 Min.
185	Rund um Günterstal	7 Std. 40 Min.
186	Vom Bohrer über die Holzschlägermatte zum Schauinsland und über den Priorsfelsen zurück	5 Std. 20 Min.
187	Rund um das Kappler Tal	5 Std. 00 Min.
188	Von Kirchzarten auf den Hinterwaldkopf	4 Std. 05 Min.
189	Von Oberried auf den Toten Mann	5 Std. 15 Min.
190	Vom Freiburger Hausberg in das Münstertal	5 Std. 20 Min.
191	Über den Sittener Berg	5 Std. 00 Min.
192	Vom Schauinsland zum Knöpflesbrunnen	6 Std. 20 Min.
193	Rund um den Neustütz- und Ahornkopf	3 Std. 25 Min.
194	Von dem Neumagen- zum Sulzbachtal und zurück über das Wii-Wegle: Eine Wanderung durch Wald und Reben	5 Std. 30 Min.
195	Vom Münstertal auf den Weiherkopf	6 Std. 20 Min.
196	Vom Münstertal auf den Belchen	4 Std. 45 Min.
197	Rund um den Belchen	5 Std. 10 Min.
198	Rund um Wieden – Nach Rollsbach und zum Knöpflesbrunnen	5 Std. 25 Min.
199	Rund um den Heidstein	3 Std. 40 Min.
200	Vom Wiedener Eck zum Belchen	3 Std. 45 Min.

Band XI: Feldberg und Schluchsee
Bestell-Nr. ISBN 3-934873-11-1   Konkordia

201	Rund um das St. Wilhelmer Tal	5 Std. 50 Min.
202	Auf den Höchsten des Schwarzwaldes	4 Std. 30 Min.
203	Rund um das Hasenhorn und den Gisiboden	4 Std. 40 Min.
204	Vom Gisiboden zum Herzogenhorn	4 Std. 00 Min.
205	Vom Wiesental auf den Feldberggipfel	5 Std. 20 Min.
206	Rund um das hinterste Wiesental	4 Std. 00 Min.
207	Rund um den Feldberg – von Hütte zu Hütte	2 Std. 55 Min.
208	Vom Bärental zum Feldberg	4 Std. 00 Min.
209	Rund um das obere Bernauer Tal	5 Std. 10 Min.
210	Von Bernau-Oberlehen über den Ledertschobenstein auf den Hochkopf	4 Std. 00 Min.
211	Rund um die Spießhörner	4 Std. 30 Min.
212	Von Menzenschwand nach Tusculum	3 Std. 20 Min.
213	Von Menzenschwand auf den Seebuck	3 Std. 55 Min.
214	Von Menzenschwand auf das Herzogenhorn	5 Std. 00 Min.
215	Zwischen Albtal und Schluchsee	3 Std. 35 Min.
216	Rund um den Schluchsee	5 Std. 30 Min.
217	Rund um Äule	4 Std. 00 Min.
218	Über die Höhen nördlich des Schluchsees	3 Std. 15 Min.
219	Vom Schluchsee über Balzhausen nach Sommerau	3 Std. 20 Min.
220	Rund um den Habsberg	3 Std. 50 Min.
221	Zwischen Schluchsee und Staufenkopf	2 Std. 50 Min.

Band XII: Das Markgräflerland und der Hochblauen
Bestell-Nr. ISBN 3-934873-12-X Konkordia

222	Von Sulzburg auf die Kälbelescheuer	5 Std. 20 Min.
223	Von der Kälbelescheuer zum Nonnenmattweiher	3 Std. 30 Min.
224	Zur Ruine Neuenfels	3 Std. 00 Min.
225	Von Sulzburg über den Kohlplatz zur Schwärze und über das Wii-Wegle zurück	4 Std. 20 Min.
226	Durch den Müllheimer Eichwald nach Feldberg und Rheintal	3 Std. 55 Min.
227	Zum aussichtsreichen Hochblauen	5 Std. 20 Min.
228	Rund um Marzell: Zwischen Hochblauen und Lipple	3 Std. 15 Min.
229	Vom Kreuzweg über den Ritterhof zur Stockmatt	4 Std. 30 Min.
230	Vom Eggener Tal nach Schloss Bürgeln	2 Std. 15 Min.
231	Von Sitzenkirch zum Hexenplatz	3 Std. 30 Min.
232	Rund um das hintere Kandertal	4 Std. 35 Min.
233	Zum Baselblick	3 Std. 35 Min.
234	Rund um Feuerbach	2 Std. 50 Min.
235	Rund um den Tannenkircher Berg	1 Std. 45 Min.
236	Über den Isteiner Klotz	5 Std. 40 Min.
237	Zwischen Rechberg und Scheideck	3 Std. 30 Min.
238	Durch den Röttler Wald	2 Std. 20 Min.
239	Rund um die Tüllinger Höhe	3 Std. 10 Min.
240	Vom Grenzacher Horn zur St. Chrischona	4 Std. 05 Min.

Band XIII: Das Kleine und das Große Wiesental
Bestell-Nr. ISBN 3-934873-13-8 Konkordia

241	Rund um Endenburg	3 Std. 10 Min.
242	Rund um den Nollen: Eine Wanderung über dem Kleinen Wiesental	4 Std. 00 Min.
243	Rund um das Tal der Köhlgartenwiese	4 Std. 40 Min.
244	Zwischen Köhlgartenwiese und Kandertal	2 Std. 45 Min.
245	Wanderung nach Kühlenbronn	3 Std. 30 Min.
246	Rund um Neuenweg	6 Std. 30 Min.
247	Vom Eichener See zur Schweigmatt und nach Schlechtbach	6 Std. 40 Min.
248	Auf alpinem Steig durch die Bannwälder des Wehratales	5 Std. 05 Min.
249	Vom Wiesental zum Zeller Blauen	4 Std. 00 Min.
250	Zwischen Wiesen- und Wehratal	4 Std. 05 Min.
251	Hoch über dem Angenbachtal	3 Std. 35 Min.
252	Zwischen dem Großen und dem Kleinen Wiesental	5 Std. 20 Min.
253	Von Schönau nach Herrenschwand	5 Std. 00 Min.
254	Rund um Schönenberg	2 Std. 20 Min.
255	Rund um das Aiternbachtal	3 Std. 00 Min.
256	Rund um den Sengalenkopf	5 Std. 00 Min.
257	Rund um Präg	4 Std. 00 Min.
258	Zwischen Herrenschwand und Ehrsberg	3 Std. 15 Min.
259	Von Todtnau über Hasbach zum Knöpflesbrunnen	3 Std. 10 Min.

Band XIV: Durch den Hotzenwald
Bestell-Nr. ISBN 3-934873-14-6   Konkordia

260	Durch den Unteren Hotzenwald	4 Std. 15 Min.
261	Durch das Hauensteiner Murgtal	3 Std. 05 Min.
262	Von Wehr über den Pirschweg nach Rüttehof	4 Std. 20 Min.
263	Über dem Wehratal	2 Std. 20 Min.
264	Von der Ödlandkapelle zum Gugel	3 Std. 00 Min.
265	Links und rechts der Alb	4 Std. 45 Min.
266	Rund um die Teufelsküche – Eine Drei-Schluchten-Wanderung	2 Std. 50 Min.
267	Rund um Todtmoos-Au	4 Std. 10 Min.
268	Von Schwarzenbach nach Gersbach	5 Std. 00 Min.
269	Von Todtmoos über Lindau nach Mutterslehen	5 Std. 30 Min.
270	Von Todtmoos zum Hochkopf	3 Std. 05 Min.
271	Rund um den Farnberg	3 Std. 05 Min.
272	Auf dem Panoramaweg rund um Ibach	2 Std. 45 Min.
273	Vom Klosterweiher zum Gumpen	5 Std. 00 Min.
274	Vom Albtal nach Urberg	3 Std. 40 Min.
275	Wanderung in Hans Thomas Heimat	5 Std. 05 Min.
276	Von Häusern nach Blasiwald	3 Std. 40 Min.
277	Durch das Schwarzatal	3 Std. 45 Min.
278	Elf-Dörfer-Weg auf dem Höchenschwander Berg	4 Std. 00 Min.
279	Rundwanderung um den Schwarzahalde-Bannwald	4 Std. 35 Min.
280	Von Nöggenschwiel ins Schlüchttal	5 Std. 30 Min.
281	Zwischen Mettma- und Schwarzatal – Rund um Berau	4 Std. 30 Min.

Band XV: Zwischen Steina- und Bregtal
Bestell-Nr. ISBN 3-934873-15-4   Konkordia

282	Zwischen Saig und Altglashütten	4 Std. 00 Min.
283	Rund um Raitenbuch	3 Std. 30 Min.
284	Von Lenzkirch über den Pflumberg nach Hinterhäuser	2 Std. 30 Min.
285	Rundwanderung im hintersten Steinatal	4 Std. 30 Min.
286	Rund um Gündelwangen	3 Std. 15 Min.
287	Wutachschlucht-Rundwanderung	5 Std. 45 Min.
288	Drei-Täler-Wanderung rund um Grafenhausen	4 Std. 15 Min.
289	Zwischen Steinatal und Alp	3 Std. 15 Min.
290	Durch die Wutachflühen	4 Std. 00 Min.
291	Über den Hohen Randen	5 Std. 50 Min.
292	Drei-Täler-Wanderung rund um Dittishausen	5 Std. 20 Min.
293	Vier-Schluchten-Wanderung	5 Std. 10 Min.
294	Von Friedenweiler nach Bubenbach	4 Std. 15 Min.
295	Von Schwärzenbach nach Schollach	4 Std. 15 Min.
296	Rund um das Hexenloch	3 Std. 15 Min.
297	Von Furtwangen über den Sommerberg nach Vöhrenbach und auf dem Bregtalwanderweg zurück	4 Std. 20 Min.
298	Zwischen Breg- und Kirnachtal	4 Std. 30 Min.
299	Der Breg entlang	5 Std. 45 Min.
300	Rund um das Urachtal	4 Std. 10 Min.